D1698372

Patrick Huchet

LES TEMPLIERS

De la gloire à la tragédie

EDITIONS OUEST-FRANCE
13, rue du Breil, Rennes

SOMMAIRE

Avant-propos 7

« Dieu le veut ! » 9

L'ordre du Temple, une croissance fulgurante (1128-1149) 25

Le Temple tisse sa toile... de commanderies, en France
et en Europe 39

Les Templiers en Orient (1120-1291) 51

Les Templiers au XIIIe siècle : une puissance qui suscite bien
des conflits 81

La chute et la fin de l'ordre du Temple (1291-1314) 97

Conclusion 118

Bibliographie 119

Où s'informer 120

Repères chronologiques 121

Avant-propos

Ah ! les Templiers.

Ils sont partout présents en terre de France : toutes ces localités vantant leur église ou chapelle « templière », ces souterrains abritant leur fabuleux trésor… Tenez, moi-même, je fus longtemps convaincu, à la suite des affirmations de mon grand-père, de l'existence d'un hameau des « Moines-Rouges », à côté de celui de mon village natal. Hélas ! tout cela n'était que pure légende…

Et toutes ces sociétés « secrètes » qui, du Temple s'affirment leurs héritières, n'hésitant point à y ajouter, au besoin, un soupçon de « francmaçon »…

L'ordre du Temple a été dissous, l'an de grâce 1312, mais il semble toujours aussi vivant, du moins dans les mémoires, comme le prouvent les milliers d'ouvrages et d'articles qui lui sont consacrés. Une précision s'impose d'emblée, il y a l'histoire de l'Ordre et celle de sa légende… qui continue à faire couler beaucoup d'encre ! Seul, le premier aspect de l'épopée templière intéresse cet ouvrage : tenter de comprendre comment et pourquoi le « Temple » a connu cette réussite indéniable, une expansion telle qu'il devint, au XIIIe siècle, une redoutable puissance militaire et financière, en Orient comme en Occident.

Et pourtant, les « Pauvres chevaliers du Christ et du temple de Salomon » se comptaient sur les doigts de la main lorsqu'ils répondirent à l'appel du chevalier champenois Hugues de Payns…

« Dieu le veut ! »

Page de gauche :
« La prise de Jérusalem », tableau d'Emile Signol. Représentatif de nombreuses peintures « allégoriques » (et anachroniques !) du XIXe siècle, ce tableau traduit bien la joie des croisés ayant conquis la ville sainte.
Musée du château, Versailles.
© Ph. RMN.

Miniature in « Le livre des Merveilles », XVe siècle.
(Bibliothèque nationale de France).

L'idée de croisade

Regardez bien cette illustration extraite du « Livre des merveilles » ; la scène se déroule à Jérusalem : pour avoir le droit de se rendre au Saint-Sépulcre, vénérer le tombeau du Christ, des pèlerins chrétiens doivent s'acquitter d'un tribut auprès de Sarrasins, musulmans défenseurs de l'islam.

Bien que datée du XVe siècle, cette « ymage » traduit parfaitement une situation totalement intolérable aux yeux des papes. Il est vrai que depuis le VIIe siècle, la Palestine, la « Terre sainte », est aux mains des disciples du prophète Mahomet. « Sacrilège » suprême, une mosquée, Al-Aqsa, a été édifiée près du Saint-Sépulcre, sur le rocher où, selon le Coran, Mahomet aurait posé le pied avant son ascension vers le ciel.

Du VIIe au IXe siècle, l'islam, prônant le « jihad » (la « guerre sainte »), a conquis les rives du pourtour méditerranéen. Franchissant le détroit de Gibraltar dès 711, les troupes musulmanes s'imposent en Espagne et gagnent la France, où la victoire de Poitiers, par Charles Martel, en 732, met un terme à leur marche victorieuse.

LES TEMPLIERS

Désormais, la guerre est totale entre la croix et le croissant. Aux abords de l'an mil, deux événements vont profondément secouer les consciences chrétiennes : en 997, la prise de Saint-Jacques-de-Compostelle, par le chef musulman Al-Mansur, qui rase la cité sainte d'Hispanie (mais pas le tombeau de l'apôtre Jacques) et force les vaincus à porter les cloches de l'église détruite jusqu'à la grande mosquée de Cordoue, capitale du royaume d'Al-Andalus ; en 1009, la destruction du Saint-Sépulcre, par le calife Al-Hakim.

L'Occident chrétien est tout entier sous le choc et l'idée de la « croisade », la guerre sainte contre les « infidèles », va se développer au cours du XIe siècle, pour aboutir à l'appel fameux du pape Urbain II, le 27 novembre 1095, au concile de Clermont.

LE PRÊCHE ENFLAMMÉ DU PAPE URBAIN II

Des auteurs ayant cité ses propos, la version de Foucher de Chartres, rapportée dans son « Historia Hierosolymitana », vers 1105, est l'une de celles citées en référence :

« Comme la plupart d'entre vous le savent déjà, un peuple venu de Perse, les Turcs, s'est avancé jusqu'à la mer Méditerranée, au détriment des terres des chrétiens. [...] Beaucoup sont tombés sous leurs coups ; beaucoup ont été réduits en esclavage. Ces Turcs détruisent les églises ; ils saccagent le royaume de Dieu. [...]

« Aussi je vous exhorte et je vous supplie — et ce n'est pas moi qui vous y exhorte, c'est le Seigneur lui-même —, vous, les hérauts du Christ, à persuader à tous, à quelque classe de la société qu'ils appartiennent, chevaliers ou piétons, riches ou pauvres, par vos fréquentes prédications, de se rendre à temps au secours des chrétiens et de repousser ce peuple néfaste loin de nos territoires. Je le dis à ceux qui sont ici, je le mande à ceux qui sont absents : le Christ l'ordonne.

« À tous ceux qui y partiront et qui mourront en route, que ce soit sur terre ou sur mer, ou qui perdront la vie en combattant les païens, la rémission de leurs péchés sera accordée.

Et je l'accorde à ceux qui participeront à ce voyage, en vertu de l'autorité que je tiens de Dieu.

« Quelle honte, si un peuple aussi méprisé, aussi dégradé, esclave des démons, l'emportait sur la nation qui s'adonne au culte de Dieu et qui s'honore du nom de chrétienne !

« Qu'ils aillent donc au combat contre les infidèles, ceux-là qui jusqu'ici s'adonnaient à des guerres privées et

« Le pape Urbain II prêche la croisade à Clermont ». Deux illustrations rappellent ces événements : celle de la page 10 est extraite des « Chroniques de Saint-Denis », par J. Fouquet (XVe siècle, BNF) ; celle de la page 11 provient du « Livre des passages faits outre mer », XVe siècle. Bibliothèque nationale de France.

abusives, au grand dam des fidèles ! Qu'ils soient désormais des chevaliers du Christ, ceux-là qui n'étaient que des brigands ! Qu'ils luttent maintenant, à bon droit, contre les barbares, ceux-là qui se battaient contre leurs frères et leurs parents ! Ce sont les récompenses éternelles qu'ils vont gagner, ceux qui se faisaient mercenaires pour quelques misérables sous.

« Que ceux qui voudront partir ne tardent pas. Qu'ils louent leurs biens, se procurent ce qui sera nécessaire à leurs dépenses, et qu'ils se mettent en route, sous la conduite de Dieu, aussitôt que l'hiver et le printemps seront passés. »

(Jean Richard, « L'Esprit de la croisade », Le Cerf, 1969.)

Ci-dessus : **Godefroy de Bouillon, le vainqueur de Jérusalem, se recueille devant le Saint-Sépulcre. Miniature in « Histoire d'outremer » de Guillaume de Tyr, XIIIᵉ siècle, Bibliothèque municipale de Lyon.** Ph. D. Nicole, Bibliothèque municipale de Lyon.

À gauche : **Cette superbe fresque de l'église Saint-Nicolas de Tavant (Indre-et-Loire) représente un « paumier », pèlerin de Terre sainte, reconnaissable à la palme qu'il porte, symbole de ce pèlerinage.** Abbaye de la Pierre-qui-Vire, Saint-Léger-Vauban, Éditions Zodiaque.

LE SAINT-SÉPULCRE À JÉRUSALEM : LE PÈLERINAGE CHRÉTIEN, PAR EXCELLENCE

Par l'édit de Milan, en 313, l'empereur de Rome, Constantin, établissait la liberté de conscience et faisait du christianisme la religion officielle de l'Empire. Se convertissant lui-même, vers 323, il fit édifier à Jérusalem, vers 329, une basilique du Saint-Sépulcre, au-dessus du tombeau du Christ.

Le pèlerinage vers le symbole le plus éminent de la chrétienté débuta peu après et l'on connaît l'existence d'itinéraires menant en Terre sainte, comme celui partant d'Aquitaine, dès le IVᵉ siècle. Au cours des siècles suivants, les fidèles seront sans cesse plus nombreux à partir vers la Palestine, vénérer les Lieux saints. La mort au cours de ces pèlerinages y était regardée comme l'accomplissement suprême.

La prise de contrôle de Jérusalem par les musulmans, au VIIᵉ siècle, ne mit point un terme à cette pérégrination, puisque le Coran reconnaît l'enseignement du Christ (toutefois inféodé à celui de Mahomet). Ce n'est qu'en 1009 que le calife Al-Hakim mit fin à cette tolérance, en faisant détruire le Saint-Sépulcre (qui sera toutefois restauré en 1048).

La réponse à cette atteinte intolérable au « tombeau sacré », aux yeux des chrétiens, aura lieu avec la première croisade, prêchée par Urbain II à Clermont : il faut libérer le Saint-Sépulcre et la Terre sainte !

« DIEU LE VEUT ! »

LA PREMIÈRE CROISADE ET LA PRISE DE JÉRUSALEM (1096-1099)

C'est aux cris de « Dieu le veut ! » que les chevaliers (les « milites », de la société féodale) répondent, avec enthousiasme, au pressant appel du pape à mettre leur ardeur belliqueuse au service de la foi et non en de vaines guerres privées.

Ils ne sont pas les seuls : des milliers de simples « manants », subjugués par les prédications exaltées de religieux et autres ermites fanatiques (tel Pierre l'Ermite), vont coudre une croix sur leurs vêtements, symbole de leur volonté de libérer les Lieux saints. Ils se sont faits « croisés ».

Partis plus de quinze mille, à la suite de Pierre l'Ermite chevauchant un mulet, ils périront pour la plupart, sous les coups des armées bulgares et turques, après avoir commis moult exactions sur leur passage. Que n'ont-ils attendu le départ

Pierre l'Ermite conduit la croisade populaire. The British Library, Londres.

de la croisade, officiellement prévu au Puy-en-Velay, le 15 août 1096 !

À cette date, en effet, se mettent en marche quatre puissantes armées conduites par de grands seigneurs :

— la première est composée de Lorrains et d'Allemands, commandée par un chef réputé, Godefroy IV de Boulogne (plus connu sous le nom de Godefroy de Bouillon), accompagné de son frère Baudouin

« DIEU LE VEUT ! »

et de son cousin (qui deviendront rois de Jérusalem) ;

— la deuxième compte essentiellement des Français du Nord, avec à leur tête Hugues de Vermandois, frère du roi de France Philippe Ier. On y remarque la présence des ducs de Normandie (Robert Courteheuse) et de Bretagne (Alain IV Fergent) ainsi que du comte Étienne de Blois ;

— la troisième part du Midi, sous les ordres de Raymond IV, comte de Toulouse ;

— la quatrième rassemble les Normands de Sicile, sous la direction de Bohémond de Tarente.

En décembre 1096, les troupes de Godefroy de Bouillon atteignent Constantinople, capitale de l'Empire byzantin, où règne l'empereur Alexis. Elles y sont rejointes par les autres armées aux mois d'avril-mai 1097.

Franchissant le détroit du Bosphore, les croisés entrent dans le monde musulman et attaquent les « infidèles », en faisant le siège de la ville de Nicée. Le 19 juin 1097,

Page de gauche :
Procession des croisés menée par Pierre l'Ermite et Godefroy de Bouillon autour de Jérusalem, la veille de l'attaque de la ville. Tableau de Victor Schnetz.
Musée du château, Versailles.
© Photo RMN.

En haut :
Miniatures in « Roman de Godefroy de Bouillon et Saladin », XIVe siècle,
Bibliothèque nationale de France.

Ci-contre :
« Histoire d'outremer » de Guillaume de Tyr, XIIIe siècle .
Bibliothèque nationale de France.

Sur ces deux miniatures, on découvre les croisés jetant les têtes des Sarrasins morts au combat (celle du haut, à la suite de la prise de Jérusalem), semant ainsi l'effroi chez l'ennemi. Celle du bas met en scène l'usage du trébuchet, sorte de catapulte projetant d'énormes pierres chargées d'abattre les murailles... et leurs défenseurs.

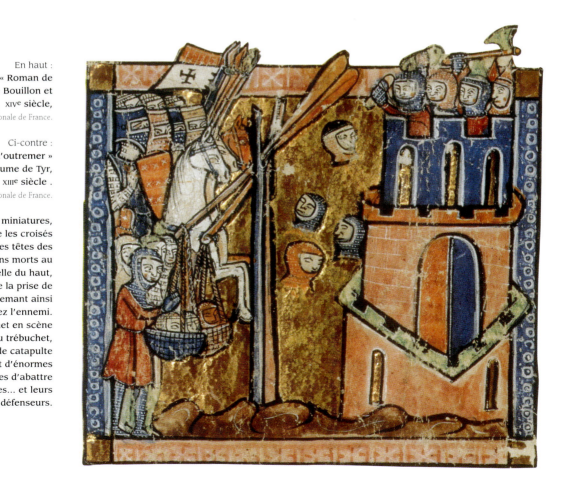

« Bataille livrée sous les murs d'Antioche », peinture de Frédéric-Henri Schopin. Destiné comme tant d'autres à glorifier la première croisade, ce tableau du XIXe siècle veut décrire l'enthousiasme guerrier des croisés, encouragés par l'évêque brandissant sa crosse, tandis que l'ennemi, le Turc (censé représenter les Sarrasins vaincus), assiste, impuissant, à la marche victorieuse des chrétiens. Musée du château, Versailles © Ph. RMN.

les Turcs assiégés se rendent aux émissaires de l'empereur Alexis, privant les vainqueurs du fructueux pillage escompté.

En mars 1098, Baudouin de Boulogne (frère de Godefroy de Bouillon), répondant à l'appel des Arméniens, prend Édesse et fonde le comté d'Édesse, le premier des États latins d'Orient.

En dépit de pertes importantes et de la tactique de la terre brûlée pratiquée par les

« Dieu le veut ! »

siècles de présence « impie » : quinze jours de pillages et de massacres, comme celui de milliers de musulmans réfugiés dans la mosquée Al-Aqsa.

Le 20 juillet, Godefroy de Bouillon est proclamé roi, mais n'accepte que le titre d'« avoué du Saint-Sépulcre ».

BAUDOUIN Ier, ROI DE JÉRUSALEM LA FORMATION DES ÉTATS LATINS D'ORIENT

Baudouin Ier (1100-1118)

Godefroy de Bouillon avait refusé le titre de roi de Jérusalem. Le preux chevalier décède au cours de cet été 1099, qui vit le triomphe des croisés.

Son frère Baudouin, qui avait fondé le comté d'Édesse, lui succède et se fait couronner le 25 décembre 1099, à Bethléem (date et lieu ô combien symboliques !). Son règne durera dix-huit années, marqué par de nombreux épisodes guerriers.

• 1101 : Baudouin Ier s'empare d'Arsouf et Césarée ;
• 1103 : il conquiert Acre, avec l'aide de la flotte génoise ;
• 1109 : il prend Beyrouth.

À la chute de Tripoli, se constitue le comté de Tripoli, vassal du royaume de Jérusalem.

Sous le règne de Baudouin Ier, se sont constitués peu à peu les quatre États latins d'Orient : le royaume de Jérusalem, qui s'étend des montagnes du Liban au désert du Sinaï ; le comté de Tripoli ; la principauté d'Antioche ; le comté d'Édesse.

La situation paraît très favorable aux chrétiens face aux musulmans affaiblis par leurs divisions. L'écho du succès de la première croisade s'est répandu à travers tout l'Occident et les fidèles sont nombreux à prendre, chaque année, le chemin de Jérusalem.

Turcs, les armées chrétiennes poursuivent leur marche vers Jérusalem, assiégeant la place forte d'Antioche, durant sept mois, avant qu'elle ne tombe le 29 juin 1098.

Le 7 juin 1099, les croisés campent au pied des murailles de la Ville sainte. À l'issue d'un siège de cinq semaines, Jérusalem est prise le 15 juillet 1099. Par le feu et le sang, elle sera « purifiée » de plusieurs

L'accueil et la protection des pèlerins en Terre sainte

La principale voie d'accès à la « cité céleste », celle qui est empruntée par la majorité des « paumiers » (la palme était en effet le symbole de ce pèlerinage), est hélas ! fort dangereuse : de Jaffa, sur la côte, en passant par la plaine de Ramleh, les pèlerins marchent dans la crainte constante d'attaques de brigands ou de musulmans.

Ils subissent des embuscades meurtrières, comme celle survenue en 1119, qui connut un retentissement tel qu'elle fut relatée par plusieurs chroniqueurs. Peut-être a-t-elle accentué d'ailleurs la prise de conscience de la nécessité d'une milice armée permanente capable de protéger les pèlerins.

D'autre part, les musulmans disposent encore de deux places fortes, laissant planer une terrible menace sur le royaume de Jérusalem : Tyr, au nord et, surtout, Ascalon, au sud, véritable clé d'accès à l'Égypte. Ainsi les troupes occupant cette dernière cité ont-elles tenté, en 1115, de prendre la ville de Jaffa.

Baudouin II réussira à prendre Tyr en 1124, mais il faudra attendre 1153 pour voir son successeur, Baudouin III, s'emparer enfin d'Ascalon.

Outre les problèmes de sécurité, se fit jour au fil du XIe siècle la nécessité d'assurer l'accueil des pèlerins sans cesse plus nombreux. Deux monastères bénédictins leur assuraient un repos bien mérité, l'un d'hommes, Sainte-Marie-la-Latine, l'autre de femmes, Sainte-Marie-Madeleine.

Vers 1050 fut fondé un hôpital, près du Saint-Sépulcre. Cet hôpital, dédié à saint Jean-Baptiste, était tenu par un prêtre originaire d'Italie, Gérard, quand en 1099 l'armée de Godefroy de Bouillon s'empara de Jérusalem.

La fondation de l'ordre des Hospitaliers de Saint-Jean-de-Jérusalem

Le chef des croisés enrichit Saint-Jean de quelques domaines qu'il avait en France ; d'autres imitèrent sa libéralité, et les revenus de l'Hôpital ayant augmenté considérablement, Gérard, de concert avec les frères soignant sous sa direction les malades de la maison, résolut de se séparer de l'abbé de Sainte-Marie-la-Latine. Il réussit dans son projet et forma une congrégation nouvelle dont les membres prirent le nom d'« hospitaliers de Saint-Jean-de-Jérusalem ».

Le pape Pascal II, par une bulle de 1113, confirma les donations faites à cet hôpital qu'il mit sous la protection du Saint-Siège. Raymond du Puy, successeur de Gérard, fut le premier à prendre le titre de précepteur ou maître de l'Ordre ; il donna aux Hospitaliers une règle qu'approuva le pape Calixte II en 1120 et que confirmèrent ses successeurs. Cette règle obligeait les nouveaux religieux à faire les trois vœux ordi-

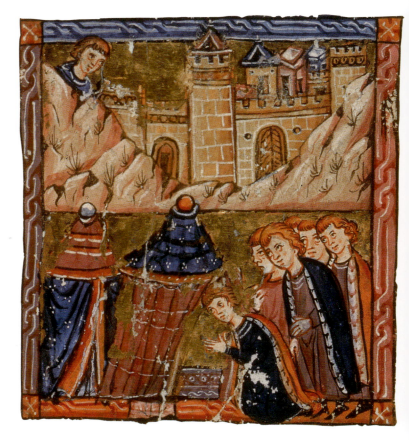

Apparition céleste, au cours du siège de Jérusalem. Miniature in « Histoire d'outremer », de Guillaume de Tyr. XIIIe siècle.
Ph. D. Nicole, Bibliothèque municipale de Lyon.

Pages précédentes :
« Bertrand de Saint-Gilles recevant la soumission du cadi Fakr el-Mouk, après la prise de Tripoli », peinture de Charles-Alexandre Debacq, XIXe siècle. Chef de l'une des armées des croisés, Raymond IV de Saint-Gilles, comte de Toulouse, combattra de nombreuses années en Terre sainte, avant de trouver la mort, précisément devant Tripoli, le 28 février 1105.
Musée du château, Versailles.

« Dieu le veut ! »

naires, auxquels fut ajouté un quatrième, par lequel ils s'engageaient à recevoir dans leurs hôpitaux les pauvres pèlerins de Terre sainte et à les protéger durant tout leur voyage au tombeau du Christ.

Hugues de Payns et la fondation de l'ordre des « Pauvres chevaliers du Christ et du temple de Salomon »

Hugues de Payns

L'humilité doit être la vertu première de l'historien, comme du pèlerin (de Jérusalem, Rome ou Compostelle !), tant il est vrai que l'interprétation des documents et sources d'époque prête à discussion entre les plus éminents spécialistes. Que ce soit sur la personnalité d'Hugues de Payns comme sur la fondation de l'ordre du Temple, force nous est de reconnaître l'absence de certitudes absolues. Cet ouvrage se voulant avant tout une synthèse aussi claire que possible de l'histoire des Templiers, je renvoie les lecteurs curieux de connaître toutes les hypothèses émises à l'ouvrage de référence, « Vie et mort de l'ordre du Temple », pages 22 à 27 (collection « Points Histoire », Le Seuil), par le professeur Alain Demurger.

Celui qui sera le premier Maître du Temple était originaire de Payns, à quelques kilomètres de Troyes. Sa famille était alliée à celle des Montbard, dont était issue la mère d'un moine qui allait jouer un rôle considérable dans la fondation de l'ordre du Temple, saint Bernard.

Hugues de Payns accompagna le comte Hugues de Champagne en pèlerinage en Terre sainte avant, semble-t-il, de s'y fixer vers 1114-1115.

Les ordres de chevalerie. Sont représentés, de gauche à droite : les Hospitaliers du Saint-Sépulcre, les Hospitaliers de Saint-Jean-de-Jérusalem, les Templiers, les Chevaliers de Saint-Jacques-de-l'Epée, les Chevaliers Teutoniques.
Illustration de Pierre Joubert.

LES TEMPLIERS

« Hugues de Payns, premier grand-maître de l'ordre du Temple » (? - 1136), peinture de Henri Lehmann, XIXe siècle. Il n'existe aucune illustration du XIIe siècle représentant Hugues de Payns. Musée du château, Versailles © Ph. RMN – Blot/Ojeda.

La fondation de l'ordre des « Pauvres chevaliers du Christ et du temple de Salomon »

À quelle date (1118 ? 1119 ? 1120 ?) et qui fut à l'origine de la création de cette « milice » chargée de protéger les pèlerins ?

Les principales sources mettent en lumière la participation de plusieurs personnages : Baudouin II, couronné roi de Jérusalem, le 11 mars 1118, Gormond, le patriarche de la Ville sainte et le chevalier Hugues de Payns.

La « Chronique de Guillaume de Tyr », généralement citée par les historiens, est due à Guillaume, archevêque de Tyr (jusqu'à sa mort en 1186). Il y relate les débuts de l'ordre du Temple et livre le nom de ses fondateurs : « *Hues de paiens delez troies et Giefroiz de Saint omer* » (Hugues de Payns de Troyes et Godefroy de Saint-Omer). Selon cette Chronique, Hugues de Payns, Godefroy de Saint-Omer et sept autres chevaliers prononcèrent les trois vœux de pauvreté, chasteté et obéissance habituellement prononcés par les moines des ordres religieux.

Pour rémission de leurs péchés, Gormond, le patriarche de Jérusalem, leur confia la mission suivante : « *ut vias et itinera, ad salutem peregrinorum contra latronum…* » (« de garder voies et chemins contre les brigands, pour le salut des pèlerins »). Les services rendus par ces preux chevaliers sont appréciés du roi Baudouin II qui les héberge dans une salle de son palais jouxtant l'ancienne mosquée Al-Aqsa (identifiée alors comme l'ancien temple de Salomon). Ils sont désormais les « Pauvres chevaliers du Christ et du temple de Salomon ».

De 1119 (si l'on admet cette année comme celle de la fondation de l'ordre du Temple) à 1129, année essentielle qui voit la reconnaissance de sa Règle par le concile de Troyes, les débuts paraissent bien difficiles, le recrutement bien hésitant, n'était

---

ÉTÉ 1998 : ON A RETROUVÉ LA COMMANDERIE DE PAYNS !

Si l'existence de la commanderie est bien attestée par les textes d'archives, l'absence de preuves physiques se faisait sentir dans cette petite commune, aux portes de Troyes, qui s'enorgueillit, à juste titre, d'être la cité natale du fondateur de l'ordre du Temple.

Aussi des fouilles archéologiques furent-elles été entreprises, au cours de l'été 1998, après localisation, à la suite de repérages aériens. Le mois de septembre allait s'avérer fructueux : quelle émotion de voir réapparaître, au grand jour, le pavement multicolore de la chapelle templière et tant d'autres « trésors », dont une très belle enseigne de pèlerinage (coquille Saint-Jacques) et, surtout, sept cent huit pièces, deniers d'argent français, s'étalant du XIIe au XIIIe siècle (aujourd'hui déposés au musée Saint-Loup à Troyes).

Les fouilles et leurs trouvailles sont exposées au musée Hugues-de-Payns… à Payns, comme il se doit !

« Baudouin II, roi de Jérusalem, cède l'emplacement du Temple de Salomon à Hugues de Payns et Gaudefroy de Saint-Homer ». Enluminure in « Histoire d'outre-mer » de Guillaume de Tyr. XIIIe siècle.
Bibliothèque nationale de France.

l'adhésion de quelques grands seigneurs tels : en 1120, Foulques, comte d'Anjou, futur roi de Jérusalem ; en 1125, Hugues, comte de Champagne.

Le nouvel Ordre doit en effet affronter une contradiction fondamentale pour l'époque, celle d'imaginer des moines portant des armes. La société féodale était conçue selon une organisation tripartite ainsi définie par l'évêque de Laon, Adalbéron, vers 1030 : *« Chacun occupe dans le monde une place voulue par Dieu ; chacun est ordonné en vue d'une des trois fonctions que l'homme peut remplir dans la société : prier, combattre, travailler »* (le clerc, le chevalier, le paysan).

Comment justifier l'existence de moines soldats, qu'ils puissent tuer, fût-ce des ennemis de la religion, fût-ce des brigands attaquant des pèlerins ?

Face à ce cruel dilemme, à la nécessité d'y répondre comme à celle d'une reconnaissance officielle du nouvel ordre par le pape, sans oublier l'impérieux besoin de chevaliers d'Occident pour en renforcer les rangs (bien maigres), Hugues de Payns quitte la Terre sainte à l'automne 1127. Il est accompagné de cinq « Templiers » : Godefroy de Saint-Omer, Payen de Montdidier, Geoffroy Bisol, Archambaud de Saint-Agnan et Rolland.

Il semble qu'il soit porteur de messages du roi de Jérusalem Baudouin II, destinés au pape Honorius II et au moine Bernard, fondateur de l'abbaye de Clairvaux (en 1115), très influent à la cour pontificale.

Au moment où s'embarquent pour l'Occident Hugues de Payns et ses compagnons, se joue le sort de l'ordre des « Pauvres chevaliers du Christ et du temple de Salomon » : qu'il soit entendu et il peut raisonnablement espérer se développer, sinon c'est une disparition à plus ou moins longue échéance. Nul n'envisageait le fabuleux succès qu'il allait rencontrer au cours des décennies suivantes !

« Reconnaissance de l'Ordre du Temple par Honorius II au Concile de Troyes », peinture de Marius Granet, XIXe siècle. Comme beaucoup de ses semblables, ce tableau anachronique ne s'embarrasse guère de la réalité historique. En effet, le pape Honorius II ne participait pas au concile de Troyes ; il y était représenté par son légat, le cardinal d'Albano. Musée du château, Versailles © Ph. RMN.

L'Ordre du Temple,
une croissance fulgurante
(1128-1149)

La tournée fructueuse d'Hugues de Payns et de ses compagnons (1128)

Faute de preuves certaines, il est légitime d'imaginer que leur première étape fut Rome, en vue d'établir avec le pape Honorius II une règle propre à leur état particulier de moine combattant (« oratore » et « bellatore »). Jusqu'à cette époque, en effet, les « Pauvres chevaliers du Christ et du temple de Salomon » suivaient la règle de saint Augustin, puisqu'ils étaient rattachés aux chanoines du Saint-Sépulcre.

Il est bien difficile de retracer le périple d'Hugues de Payns et de ses « frères »,

Carte de l'Europe au XIIe siècle.

25

A son retour de Terre sainte, Hugues de Payns entreprend une tournée chez les grands féodaux, comtes et ducs, aux possessions parfois plus importantes que celles du roi de France.

parcourant comtés et duchés, en terre de France, au cours de l'année 1128 : il rencontre tout d'abord le puissant comte d'Anjou, Foulques V, qu'il convainc de le suivre en Terre sainte, puis il se rend en Poitou, Normandie, avant de gagner l'Angleterre (où le roi lui consent d'importantes donations d'or et d'argent), pour rejoindre enfin les riches contrées de Flandre et de Champagne.

La tournée de « propagande » des autres « frères » est tout aussi porteuse d'espoir, à l'image de celle de Godefroy de Saint-Omer en Picardie : nombreux sont les chevaliers qui se décident à partir guerroyer en Terre sainte… et sans doute à rentrer dans le nouvel ordre du Temple.

Bernard de Clairvaux, la plus haute autorité spirituelle de l'Occident, va assurer le succès définitif de cette nouvelle milice chrétienne lors du concile de Troyes.

Le concile de Troyes (13 janvier 1129)

Le prologue de la Règle du Temple qui y fut rédigé attribue l'inspiration de cette dernière au « *vénérable Père Bernat, abès de Clerevaux* » (saint Bernard) et dresse la liste des participants de ce concile capital pour l'avenir des Templiers.

Remarquons d'emblée la qualité des personnalités religieuses et laïques qui participèrent aux débats : sous la présidence du légat du pape, le cardinal Mathieu d'Albano, sont en effet réunis deux archevêques (de Reims et de Sens), dix évêques

L'ordre du Temple,
une croissance fulgurante (1128-1149)

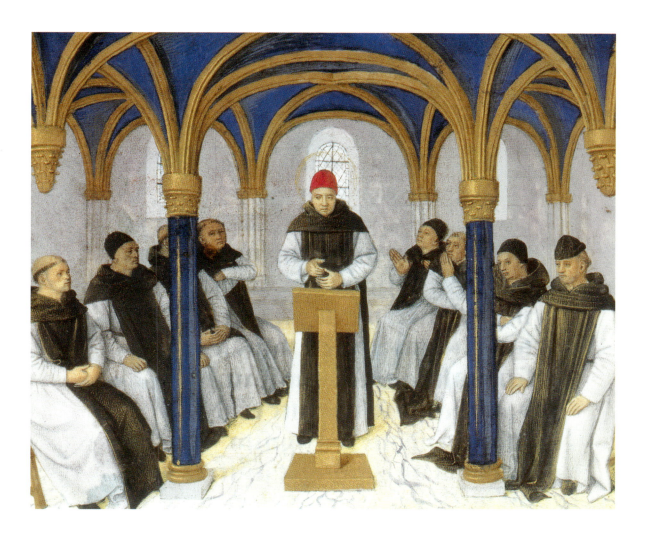

« Saint Bernard de Claivaux », miniature in « Heures d'Etienne Chevalier », par Jacques Fouquet. Saint Bernard, fondateur de l'abbaye de Clairvaux en 1115, fut la plus haute autorité spirituelle de l'Eglise, dans la première moitié du XIIe siècle.
Musée Condé, Chantilly / Giraudon-Paris.

et huit abbés, dont celui de Cîteaux en personne, Étienne Harding, ceux de Vézelay, Molesmes, Pontigny... et Bernard de Clairvaux, dont le rayonnement est déjà grand dans tout l'Occident chrétien.

Du côté des laïcs, on constate la présence de trois grands seigneurs : le comte Thibaud II de Champagne, André de Baudement, sénéchal de Champagne (lié au Temple par un parent) et Guillaume II, comte de Nevers. Six templiers, dont Hugues de Payns, viennent apporter leur expérience de la vie militaire et soulever les problèmes posés pour la défense du Saint-Sépulcre et des pèlerins de Terre sainte.

Le concile de Troyes s'inscrit dans la droite ligne de la réforme grégorienne (du nom du pape Grégoire VII), qui vit l'Église s'affranchir peu à peu de l'emprise des pouvoirs temporels (rois et empereurs n'hésitant pas à nommer les évêques) et lutter contre les abus criants du clergé, comme le nicolaïsme (prêtres vivant en concubinage) et la simonie (trafic des biens spirituels : vente des indulgences par exemple).

Cîteaux et saint Bernard accentuent cette volonté moralisatrice, reprochant en particulier aux moines de Cluny les écarts faits à la règle de saint Benoît : églises trop décorées, nourriture trop abondante...

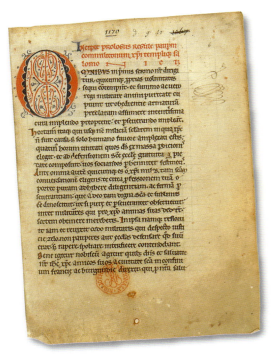

Première page de la « Règle du Temple », rédigée en latin. Bibliothèque nationale de France.

Saint Bernard et « l'éloge de la nouvelle milice »

Vêtus de leur manteau blanc (celui des Cisterciens) accordé par le concile de Troyes, ceux qui ne sont encore que les « Pauvres chevaliers du Christ et du temple de Salomon », sont-ils désormais convaincus de la justesse de leur mission ? Il semble bien que ce nouvel état de « moine soldat » suscite bien des critiques au sein de l'Église, où des voix s'élèvent contre cette contradiction fondamentale, dans la société féodale.

Par ailleurs, en Orient, les chevaliers qui ont accompagné Hugues de Payns, à son retour en Palestine, subissent une cruelle défaite à Damas, à la fin de l'année 1129. S'ensuit une véritable crise de conscience qu'Hugues de Payns tente de résoudre, en s'adressant à Bernard, l'abbé de Clairvaux, dont l'audience ne cessait de croître en Occident.

Celui-ci va balayer les doutes, en lui répondant par une lettre au contenu désormais célèbre, « De laude novae militiae » (Éloge de la nouvelle milice), après avoir, semble-t-il, longuement hésité : « *Une fois, et deux, et trois, si je ne me trompe, tu m'as demandé, mon cher Hugues, de vous adresser une exhortation à toi et à tes frères.* »

Bernard glorifie la vie et l'idéal des Templiers : « *Ils obéissent parfaitement à leur supérieur ; ils évitent tout superflu dans la nourriture et les vêtements. Ils vivent en commun dans une société agréable, mais frugale, sans femmes ni enfants, sans posséder rien en propre, pas même leur volonté…*

« *Ils ne sont jamais oisifs et quand ils ne marchent point à la guerre, ce qui est rare, ils raccommodent leurs armes ou leurs habits et font enfin ce que le maître leur ordonne… Ils détestent les échecs, les dés, la chasse et la fauconnerie…*

« *À l'approche du combat, ils s'arment de foi au-dedans et de fer au-dehors, sans ornement sur eux ni sur leurs chevaux ; ils chargent*

La tâche proposée aux participants du concile de Troyes est particulièrement ardue : fournir à l'ordre du Temple une Règle où soient conciliés l'idéal du moine et celui du combattant. Elle sera ensuite soumise, pour approbation, au patriarche de Jérusalem, Étienne de Chartres. Publiée en latin, vers 1130, elle connaîtra une seconde version en français, dix ans plus tard.

La Règle latine comportait soixante-douze articles, dont les huit premiers consacrés aux devoirs religieux des Templiers, qui sont des moines, ne l'oublions point, prononçant les vœux de pauvreté, chasteté et obéissance. Elle sera complétée ensuite par d'importantes bulles papales, comme celles prononcées par Innocent II le 29 mars 1139 (« Omne datum optimum ») et le 7 avril 1145 (« Militia dei »).

Plus tard, les « Retraits », consignés par écrit, en 1165, préciseront tous les usages en vigueur au Temple.

À droite : Conservé au musée Calvet d'Avignon, ce tableau de Granet (XIXe siècle) décrit le cérémonial de l'entrée dans l'ordre du Temple : le futur Templier prête d'abord serment, à côté du manteau blanc qui l'attend. Le rituel de cette cérémonie nous est parfaitement connu grâce aux Retraits, textes complétant la règle primitive de l'Ordre.
Musée Calvet, Avignon.
Ph. A. Guerrand.

L'ORDRE DU TEMPLE,
UNE CROISSANCE FULGURANTE (1128-1149)

LA PREMIÈRE STRUCTURE DES « PAUVRES CHEVALIERS DU CHRIST »

Conformément à la Règle définie au concile de Troyes, une organisation, au demeurant fort simple, se met en place.

Au sommet, le Maître (équivalent à l'abbé pour un ordre religieux). Le premier est bien entendu Hugues de Payns, fondateur de l'Ordre.

Viennent ensuite les frères (« fratres »), dont la hiérarchie s'établit, conformément à la société féodale en : frères chevaliers (« fratres milites ») issus de la noblesse, ils sont ceux qui combattent ; frères chapelains (« fratres capellani »), ceux qui assurent les offices religieux ; les frères sergents (« servientes armigeri »), ils sont les auxiliaires des chevaliers.

Partagé entre Orient et Occident, l'ordre des Pauvres chevaliers du Christ saura s'adapter à sa croissance prodigieuse. Dès 1129, tandis que le Maître Hugues de Payns, regagne la Terre sainte, est nommé un « Maître de France ». Il s'agit de Payen de Montdidier.

vigoureusement l'ennemi sans craindre le nombre et la fureur des barbares, se confiant non en leur force, mais en la puissance du dieu des armées, ainsi ils joignent ensemble la douceur des moines et le courage des soldats... »

Puis Bernard justifie la possibilité pour un Templier de tuer un ennemi : « *Le chevalier du Christ donne la mort en toute sécurité et la reçoit avec plus d'assurance encore. S'il meurt, c'est pour son bien, s'il tue, c'est pour le Christ...* »

Désormais légitimés par la plus haute autorité morale et spirituelle de l'Occident, Hugues de Payns et ses « frères » vont rencontrer un écho très favorable auprès de centaines de chevaliers, désireux d'assurer le salut de leur âme... et de prouver leur bravoure sur les champs de bataille de Palestine. En quelques années, le Temple va connaître un développement considérable.

Robert de Craon, un Maître très efficace (1136-1149)

Lorsque le fondateur de l'Ordre, Hugues de Payns, meurt en 1136, c'est le sénéchal Robert de Craon qui est élu comme Maître. Ce dernier va lui assurer un développement remarquable, grâce à une double stratégie :

D'une part, confirmer, voire augmenter les privilèges accordés aux Templiers.

Bras armé de l'Église en Terre sainte, l'ordre du Temple obtient du pape Innocent II de nombreux avantages détaillés, en particulier, dans deux bulles :

« Omne datum optimum » (1139). Désormais les Templiers dépendront directement du pape et seront ainsi soustraits à l'autorité des évêques (même celle du patriarche de Jérusalem). Par ailleurs, le pape accorde à l'Ordre le droit d'avoir ses propres prêtres et le fait bénéficier de l'exemption des dîmes (redevances payées en nature par les fidèles au clergé séculier : prêtres des paroisses, évêques des diocèses).

Encore plus fort, le pape octroie aux Templiers les dîmes perçues sur les biens donnés à l'Ordre... à la grande colère du clergé qui voit, consterné, les donations affluer à l'ordre du Temple.

« Militia dei » (1145). Les frères du Temple se voient accorder le droit d'avoir leurs propres églises et cimetières. Désormais, les fidèles pourront assister aux offices religieux célébrés dans l'église de la commanderie (et donc y faire des dons et aumônes), tout autant qu'à l'église paroissiale ; une pierre supplémentaire jetée dans le jardin du clergé séculier qui juge exorbitants tous ces privilèges consentis aux moines soldats.

D'autre part, fonder de nombreuses commanderies en Occident.

Chevet de l'église templière de Sainte-Eulalie-de-Cernon, dans le Larzac.
Conservatoire du Larzac.

Les commanderies fleurissent en Europe (1129-1149)

Les premières commanderies templières

L'ordre du Temple doit beaucoup à Bernard de Clairvaux. Il faut remarquer d'ailleurs que dans bien des régions, la fondation des commanderies est contemporaine de celle d'abbayes cisterciennes : ainsi, en Provence, la commanderie de Richerenches est-elle créée en 1136, l'abbaye d'Aiguebelle en 1137.

En Occident, les commanderies s'apparentent à de vastes exploitations agricoles, car leur objectif premier est de ravitailler les maisons templières de Terre sainte en denrées agricoles, sans oublier les chevaux, si précieux pour les combattants.

Plutôt que de dresser une liste interminable de donations et dates de création de commanderies, il me paraît plus judicieux d'étudier leur implantation, en quelques exemples caractéristiques.

En Provence

C'est une région éminemment stratégique, puisqu'on y trouve les ports par lesquels transitent les hommes, marchandises et troupeaux, à destination de la Palestine. À l'époque où la première commanderie voit le jour (1136), Marseille est le principal port d'embarquement pour la Terre sainte, suivi de peu par celui de Saint-Gilles, où les Templiers s'installent, dès 1138.

La commanderie de Richerenches

Fondée la même année que l'élévation de Robert de Craon à la tête de l'Ordre, Richerenches n'était, à l'origine, qu'un simple lieu-dit, dépendant du village de Bourbouton, dans une zone de prés humides, de marécages, parsemée d'étangs, traversée par la Coronne, affluent du Lez.

En mars 1136, le frère Arnaud de Bedoz, accompagné d'autres Templiers, arrive en Provence pour y solliciter des dons charitables, recruter d'autres frères et implanter une commanderie. Parvenus à Saint-Paul-Trois-Châteaux, ils y sont accueillis par l'évêque Pons de Grillon qui leur consent les premières donations et incite les seigneurs de la contrée à en faire de même.

Ceux de Bourbouton allaient être les grands bienfaiteurs en offrant leurs terres, au lieu-dit « Ricarensis » (qui deviendra Richerenches), sur lesquelles vont s'édifier peu à peu les bâtiments de la maison templière. Les travaux de construction d'une ferme fortifiée et d'une église furent immédiatement entrepris. Dédiée à Notre-Dame, comme la plupart des églises du Temple, elle ne sera achevée qu'en 1147.

Dès l'année 1138, Hugues de Bourbouton était entré dans l'Ordre, comme frère chevalier et aura l'insigne honneur, cette même année, de recevoir, à Richerenches, la visite du Maître du Temple, Robert de Craon. Après avoir fait don de tous ses biens, Hugues de Bourbouton en deviendra l'un des premiers commandeurs, en 1145. Sous sa conduite, la commanderie de Richerenches va se développer considérablement, après avoir effectué de grands travaux d'assèchement des marécages et de fertilisation des sols.

Dans le duché de Bretagne

La commanderie du Temple de Nantes (1141)

Les Templiers furent particulièrement bien accueillis par le duc de Bretagne Conan III, dit le Gros. Celui-ci était en effet le fils du duc Alain IV Fergent (qui participa à la première croisade) et de la duchesse Ermengarde, sœur de Foulques d'Anjou (roi de Jérusalem de 1131 à 1143) et fervente disciple de Bernard de Clairvaux.

Vers 1130, Conan III leur octroie une grande île voisine de Nantes, appelée la Hanne.

En 1141, Conan III confirme ce don et consent d'autres biens et privilèges aux Templiers, en présence de « Guillaume Faucon, Maître des soldats du Temple », des chevaliers du Temple Alfred et Henri et des barons de Bretagne, les sires de Fougères, Châteaubriant, Guérande et de la Garnache : « *[...] Moi Conan, fils d'Alain Fergent, duc de Bretagne je veux faire connaître à mes contemporains et à la postérité que pour le salut de mon âme, de mes parents et de mes ancêtres j'ai donné et concédé aux soldats du Temple en possession perpétuelle l'île de Hanne libre de toute charge, avec l'assentiment et par la volonté d'Ermengarde ma mère.*

« Puis, instruit par le conseil du Saint-Esprit, à ces mêmes soldats qui combattent si fidèlement jusqu'à nos jours pour la foi catholique j'ai cédé et concédé dans la ville de Nantes, chaque année cent ducats de mes revenus qui doivent être versés dans la première semaine de carême, selon la coutume du marché des merlus dans la banlieue. Et soucieux des intérêts de mon âme, plus que de gains temporels, j'ai donné et concédé auxdits soldats du Christ une place de

ladite ville pour des maisons ou un édifice au lieu dit Pré d'Anian, exempte de toute charge...

« Ensuite, sur le conseil de mes barons, j'ai statué que, de même qu'ils combattaient pour le salut et la liberté de tous, tout ce qui leur appartenait sur mer et sur terre dans tout mon duché fût aussi exempt de toute charge et libre, afin que nul n'osât y porter la main ou n'eût la téméraire audace d'en revendiquer quelque chose.

« Je leur ai concédé aussi tout ce qu'ils pourraient acquérir légitimement des barons ou des hommes de ma terre, et j'ai promis de fidèlement maintenir et défendre tant leurs personnes que leurs biens.

« Fait à Nantes, l'an 1141 de l'Incarnation du Seigneur, sous le règne du roi de France Louis le Jeune. » (Dom Morice « Preuves de l'histoire de Bretagne » 1, 583.)

Cette charte est tout à fait caractéristique des milliers de ses semblables, qui ont couché par écrit tous les biens accordés aux Templiers par les seigneurs et les souverains en Occident et qui commencent très souvent par cette formule « pour le salut de mon âme et celui de mes ancêtres », précisant par là que la piété est leur motivation première.

Au confluent de la Loire et de l'Erdre, la commanderie de Nantes allait connaître un développement conséquent, au cours des décennies suivantes, tout comme les autres maisons du Temple, fondées dans le duché, au cours de la seconde moitié du XIIe siècle.

Le Comminges (dans les Pyrénées)

La commanderie de Montsaunès (vers 1140)
Si la création de la plupart des commanderies a lieu, en général, à partir d'une importante donation d'un seigneur, celle de Montsaunès s'inscrit dans le contexte idéologique de la « guerre sainte » et du cadre géopolitique de la « Reconquista », second front de la chrétienté contre l'islam.

Engagée dès le IXe siècle, la « Reconquête » des territoires aux mains des Maures s'effectue péniblement, en raison de la résistance acharnée des Infidèles (notamment de leur chef Al-Mansur, celui qui prit et fit raser Saint-Jacques-de-Compostelle en 997). Au XIe siècle, les papes et la puissante abbaye de Cluny encouragent vivement les chevaliers à venir guerroyer en Espagne. Victoires et défaites se succèdent : ainsi la prise de Saragosse, en 1118 (à laquelle a participé le comte de Comminges), est suivie du désastre de Fraga en 1134.

Les Maures font peser une terrible menace, à laquelle les comtes de Foix et de Comminges tentent de répondre en faisant appel aux Templiers, ainsi que l'explique clairement Françoise Laborde, dans son mémoire de maîtrise, sur « L'église des Templiers et les vestiges du château de Montsaunès » : *« La fondation de Montsaunès correspond à celle de la Nougarède par les mêmes Templiers en 1136 (dans le comté de Foix). Le désastre de Fraga, le 7 septembre 1134, explique l'arrivée des Templiers. En effet, les chevaliers de Saint-Jean étaient déjà installés dans les Pyrénées, mais leur rôle était moins militaire qu'hospitalier... Au contraire, les Templiers étaient beaucoup plus appréciables au point de vue militaire, car leur organisation était avant tout tournée vers la guerre, donc plus souple et plus mobile. De plus, il est tout à fait normal que les Templiers soient venus à la première demande, puisque leur ordre avait été fondé dans le but de défendre la chrétienté contre les musulmans. C'était finalement, dans les Pyrénées, un second front de la guerre de croisade menée au Proche-Orient.*

« Cette conjoncture explique parfaitement le choix du site, sur lequel il faut revenir ; Montsaunès défend pratiquement tout le comté de Comminges... Il n'est qu'à consulter une carte pour se rendre compte du nombre incroyable de cols, petits et grands, que défend Montsaunès.

« Tandis que la Nougarède défendait le bassin de l'Ariège, Montsaunès défendait le reste des Pyrénées occidentales. Comme en Palestine quelques années plus tard, les Templiers choisissent très bien l'emplacement stratégique de leurs établissements...

« Ch. Higounet écrit : "La commanderie de Montsaunès était, par sa situation et par ses biens, la plus importante du versant français des Pyrénées... La route des pèlerins, des marchands et des armées passait sous ses portes." »

L'ordre du Temple essaime en Europe

Hugues de Payns et Robert de Craon ont été entendus des puissants seigneurs féodaux régnant sur leurs comtés ou duchés, à côté du royaume de France, dont l'autorité s'exerce essentiellement sur l'Île-de-France, en cette première moitié du XIIe siècle. Donations et commanderies vont se multiplier à travers toute l'Europe, à partir des années 1135-1140. Voici quelques exemples.

Dans le royaume Anglo-Normand

Après avoir vaincu son frère, le duc de Normandie Robert Courteheuse, lors de la bataille de Tinchebray (1106), Henri Ier Beauclerc (1068-1135) reconstitue le royaume Anglo-Normand, fondé par Guillaume le Conquérant.

Hugues de Payns reçut un accueil très favorable de la part de ce roi qui lui octroya force *« richesses en or et en argent »*. Les premières maisons templières s'implantèrent à la fin de son règne, telle la commanderie de Renneville, dans la riche plaine agricole de la « campagne de Neubourg », en Normandie.

Après avoir été reçu chevalier dans l'Ordre, Richard, fils cadet de Robert Ier baron d'Harcourt, fonde en effet la « maison de Saint-Étienne de Renneville », avant d'en devenir le commandeur vers 1140. De cette commanderie qui deviendra l'une des plus importantes de toute la Normandie, nous est demeurée la vaste grange dîmière, où était entreposé le blé, perçu en tant que redevance due aux Templiers.

En Italie

Une grande commanderie templière est fondée à Milan en 1134. Les conditions de sa création méritent un éclairage particulier, car elle s'inscrit dans le cadre de la rivalité entre deux papes revendiquant la tête de l'Église, à la mort du pape Honorius II. Innocent II et Anaclet II furent couronnés à Rome le même jour, le 23 février 1130 !

Bernard de Clairvaux et les Templiers choisirent clairement le camp d'Innocent II et l'on vit le célèbre moine parcourir l'Angleterre, l'Allemagne, la France et l'Italie, pour défendre la cause de ce dernier, auprès des princes, rois et évêques.

L'empereur d'Allemagne, Lothaire II, convaincu par Bernard, réinstalla Innocent II sur le siège papal à Rome, en 1133. On comprend mieux pourquoi celui-ci sera si favorable à l'ordre du Temple.

En Espagne

Confrontés aux mêmes ennemis qu'en Palestine, les souverains des royaumes chrétiens du nord de l'Espagne accueillent à bras ouverts les moines soldats du Temple.

Dès 1130, peu après le concile de Troyes, le comte de Barcelone Raymond III Bérenger leur donne la forteresse de Grañana et c'est dans la maison templière de Barcelone qu'il meurt en 1131. Cette même année, Alphonse Ier, roi d'Aragon et de Navarre, fait un testament par lequel il cède son royaume aux ordres du Temple, de l'Hôpital et du Saint-Sépulcre.

Hésitant à s'engager sur un nouveau front (alors qu'il y a déjà tant à faire en Terre sainte), les Templiers refusent ce « cadeau empoisonné ». Ce n'est qu'en 1143 qu'ils acceptent d'aller combattre les Maures, après avoir cédé aux instances pressantes du comte de Barcelone, Raymond Bérenger IV (successeur de Ramiro qui avait réuni le royaume d'Aragon et la Catalogne). C'est dans cette région que les chevaliers du Temple fondent de puissantes commanderies au cours du XIIe siècle : Gardeny, Corbins, Barbens, Grañana, Puïgreig. En Aragon, ils s'établissent à Monzon et Huesca.

ROBERT DE CRAON, LES TEMPLIERS ET LA DEUXIÈME CROISADE

Maître du Temple depuis 1136, Robert de Craon a joué un rôle déterminant dans le développement de l'Ordre, en intervenant avec succès auprès du pape Innocent II, pour confirmer et étendre ses privilèges, puis en favorisant la création de nombreuses commanderies en France et en Europe.

Très présent à Jérusalem, à la maison chèvetaine du Temple, le Maître veille à ce qui est la raison d'être de l'Ordre : la défense des pèlerins et des États latins. Il doit reprendre le chemin de l'Occident à plusieurs reprises, pour recruter de nouveaux frères, car les besoins en Orient se font toujours pressants, face aux attaques des Turcs. Ainsi, en 1138, ceux-ci ont-ils vaincu les Templiers à Teqoa (près de la mer Morte). Cette défaite marqua les esprits au point que le chroniqueur Guillaume de Tyr écrivit : « *L'espace compris entre Hebron et Teqoa était rempli des cadavres des chrétiens.* »

La deuxième croisade (1146-1149)

Les rois de Jérusalem, Baudouin Ier, Baudouin II, Foulques, avaient su jouer des divisions de leurs ennemis, les émirs de Damas, Alep et Mossoul. Or, au cours des années 1130-1140, Zengi, l'émir de Mossoul, affirme son autorité sur un vaste territoire de Syrie, menaçant directement le comté d'Édesse et la principauté d'Antioche. Le 24 décembre 1144, il s'empare d'Édesse.

La perte du premier-né des États latins, quarante-six ans après sa fondation, est durement ressentie en Occident et est à l'origine de la deuxième croisade. Celle-ci est décrétée par le pape Eugène III, par la bulle datée du 1er octobre 1145. Le roi de France Louis VII convoque les barons du royaume ainsi que les évêques, à Bourges, le 25 décembre 1145.

L'enthousiasme des barons est pour le moins si tiède que Louis VII fait appel au seul prédicateur capable de raviver la flamme de la croisade : saint Bernard. Le 31 mars 1146, sur les hauteurs du Vézelay, celui-ci prêche la guerre sainte contre les musulmans.

La deuxième croisade et les Templiers

Depuis 1143, Robert de Craon est secondé, en France, par un « précepteur du Temple », du nom d'Évrard des Barres. Le 27 avril 1147, à l'octave de Pâques (huitième jour après Pâques), le pape Eugène III se rend à Paris présider la première assemblée du chapitre général du Temple. Cent trente Templiers entourent le « Maître du Temple en France », Évrard des Barres.

C'est sans doute lors de cette réunion, que le pape leur accorde la croix rouge qu'ils pourront désormais porter fièrement sur leurs grands manteaux blancs (sur l'épaule gauche et sur la poitrine). Évrard des Barres et les frères du Temple rejoignent ensuite Vézelay, où le roi de France Louis VII prend son bâton de pèlerin (en compagnie de son épouse, Aliénor d'Aquitaine), en présence du pape Eugène III.

Sous la protection des chevaliers du Temple, l'armée des chrétiens prend le chemin des Balkans et rejoint, à la fin de l'année, les troupes de l'empereur d'Allemagne, Conrad III, qui les ont précédés… et ont été pratiquement décimées par les Turcs Seldjoukides. Louis VII décide de tenter de rejoindre la Terre sainte par la voie terrestre. Choix catastrophique : les Turcs tendent des embuscades meurtrières dans ces montagnes d'Asie Mineure qu'ils connaissent parfaitement.

L'ORDRE DU TEMPLE,
UNE CROISSANCE FULGURANTE (1128-1149)

L'indiscipline cause par ailleurs de lourdes pertes, notamment pour l'avant-garde commandée par Geoffroi de Rancogne qui s'est engagée seule, imprudemment, dans les défilés du mont Cadmus. Face à une situation plus que délicate, Louis VII fait appel au chef des Templiers, Évrard des Barres ; choix judicieux, comme le souligne le récit d'Eudes de Deuil [1], chapelain du roi : « *Le Maître du Temple, le seigneur Évrard des Barres, homme respectable par son caractère religieux et modèle de valeur pour les chevaliers tenait tête aux Turcs avec l'aide de ses frères, veillant avec sagesse et courage à la défense de ce qui leur appartenait, et protégeant aussi de tout son pouvoir et avec vigueur ce qui appartenait aux autres.*

1. A. Demurger, *op. cit.*, p. 120.

Le roi de France, Louis VII, se croise à Vézelay, en 1147, lors d'une grandiose cérémonie, en présence du pape, de la reine Aliénor d'Aquitaine et des Templiers. Miniature in « Les passages faits outremer », de Sébastien Mamerot, XVe siècle. Bibliothèque nationale de France.

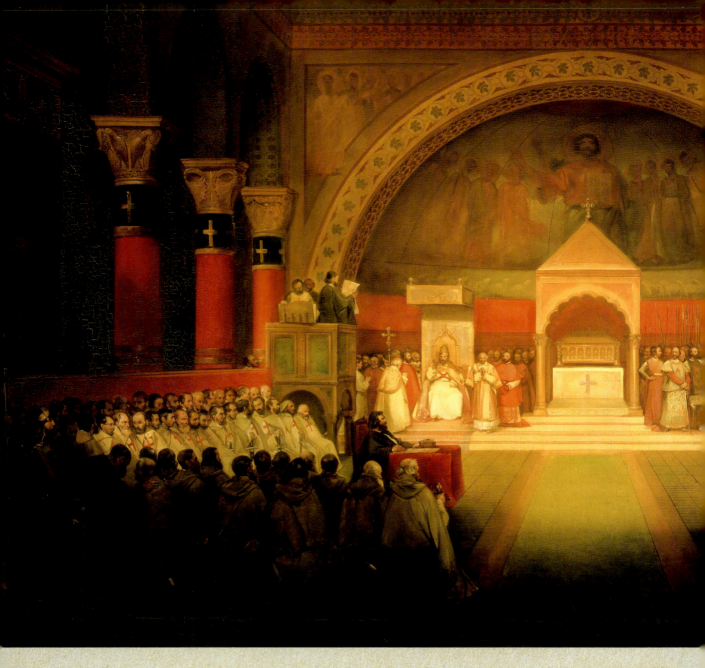

« Le roi, de son côté, se plaisait à les voir faire et à les imiter, et voulait que toute l'armée s'appliquât à suivre leur exemple, sachant que, si la faim énerve la force des hommes, l'unité d'intention et de courage peut seule soutenir les faibles. On résolut donc, d'un commun accord, dans cette situation périlleuse, que tous s'uniraient d'une fraternité mutuelle avec les frères du Temple, pauvres et riches s'engageant sur leur foi à ne pas abandonner le camp et à obéir en toutes choses aux maîtres qui leur seraient donnés… »

Après avoir exigé un serment d'obéissance absolue à ses directives, Évrard des Barres divise les troupes en compagnie de cinquante hommes, chacune répondant à l'autorité d'un templier. Les piétons, munis de grands boucliers, sont disposés de part et d'autre des cavaliers, assurant ainsi la protection des flancs de cette armée désormais très soudée.

La stratégie d'Évrard des Barres est payante : non seulement la traversée des

« Chapitre des Chevaliers de l'Ordre du Temple en 1147 ». Peinture de Marius Granet, XIXe siècle. Ce tableau représen[te] le chapitre général de l'ordre d[u] Temple à Paris, le 22 avril 114[7,] en présence du pape Eugène I[II] (à gauche sur l'estrade) et du r[oi] de France Louis VII (à droite). Les Templiers sont assis à droi[te] du pape, portant la croix roug[e] (que ce dernier vient de leur accorder) sur leurs blancs manteaux. Musée du château, Versai[lles.] © Photo RMN.

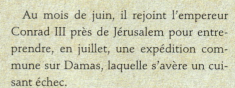
L'ORDRE DU TEMPLE, UNE CROISSANCE FULGURANTE

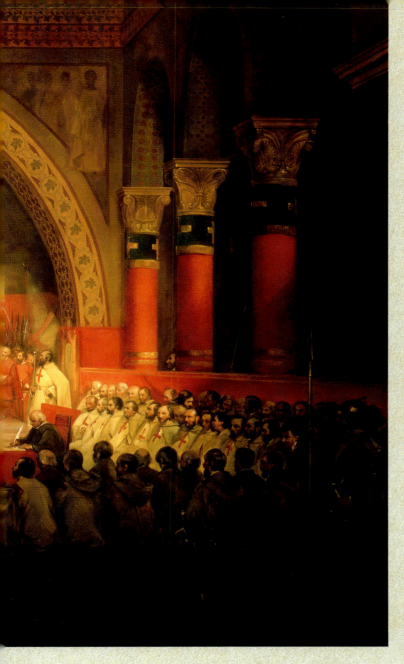

Au mois de juin, il rejoint l'empereur Conrad III près de Jérusalem pour entreprendre, en juillet, une expédition commune sur Damas, laquelle s'avère un cuisant échec.

Cette deuxième croisade se révèle un fiasco complet, tant et si bien que Conrad III regagne l'Allemagne en septembre 1148, suivi du roi de France, quelques mois plus tard. Le mythe de l'invincibilité des croisés a vécu !

La science de la guerre, la vaillance, la discipline des Templiers, par contre, ont fait merveille et Louis VII leur rend un vibrant hommage, comme le souligne cette missive adressée à son fidèle conseiller Suger, l'abbé de Saint-Denis : « *Nous ne voulons pas cacher à ta discrétion, la somme d'honneurs, de révérence et de secours que les frères du Temple nous prodiguèrent, à nous et aux nôtres, après notre arrivée en Orient. Nous ne voyons pas, nous ne pouvons même pas imaginer comment, sans leur aide et leur assistance, qui ne nous firent jamais défaut, nous aurions pu subsister dans ce pays...*

« *C'est pourquoi il faut, nous t'en supplions chaleureusement, que les Templiers, déjà bénis de l'amour de Dieu, se ressentent de notre amour et de nos faveurs. Ils nous ont prêté une somme considérable de monnaie, et il est nécessaire de la leur rendre sans délai, pour que leur maison n'ait pas à en souffrir. Envoie-moi donc sans retard 2 000 marcs d'argent pour que je le leur rende...* »

montagnes se fait sans encombre, mais, de plus, par d'audacieux coups de main, les Templiers mettent quatre fois l'ennemi en fuite. Au mois de mars 1148, Louis VII et son armée atteignent le port d'Adalia (l'actuelle ville d'Antalya), où le roi de France abandonne une partie de ses troupes (qui y seront massacrées) et s'embarque pour Antioche. Totalement désargenté, Louis VII fait appel aux frères du Temple qui lui consentent un prêt de deux mille marcs d'argent.

À la mort du Maître du Temple, Robert de Craon, en janvier 1149, lui succède tout naturellement Évrard des Barres, le héros de la deuxième croisade. Après avoir accompagné Louis VII, à son retour en France, au printemps 1149, le nouveau Maître retournera quelques années en Terre sainte avant de laisser son poste au sénéchal, André de Montbard, en 1153.

Fidèle aux idéaux prônés par saint Bernard, il se fera moine dans l'illustre abbaye de Clairvaux, jusqu'à sa mort, vers 1175.

Le Temple tisse sa toile…
de commanderies, en France et en Europe

Page de gauche :
Le tombeau de saint Gilles, dans la crypte de l'église abbatiale de Saint-Gilles-du-Gard. Port prospère, cité importante du Midi au XIIe siècle, Saint-Gilles vit s'implanter très tôt, en ses murs, les Hospitaliers puis les Templiers.
Ph. R. Nourry.

Porte d'entrée fortifiée de la commanderie d'Arville (Loir-et-Cher).
Ph. J.-J. Biet - Commanderie templière d'Arville.

1149 : Mort de Robert de Craon, second Maître du Temple.

1250 : Les Templiers versent le solde de la rançon exigée par le sultan d'Égypte pour la libération de Louis IX, roi de France.

Ces deux dates me paraissent symboliques, en ce sens que la première rappelle le rôle éminent joué par Robert de Craon dans l'organisation de l'Ordre, la seconde, la puissance financière dont il jouit au XIIIe siècle. En quelques décennies, le Temple est devenu le premier propriétaire foncier en Europe, le « banquier de l'Occident », aux yeux de certains historiens. Or, c'est à partir des centaines de commanderies disséminées dans de nombreux pays que l'Ordre a bâti ce fabuleux édifice… qui suscite, très tôt, jalousies et conflits.

L'ordre du Temple en Occident : une remarquable faculté d'adaptation, une organisation en perpétuelle évolution

Tant au niveau des biens que des hommes, le Temple fit preuve d'une très grande souplesse, sachant s'adapter en toutes circonstances ; là est certainement une des clés de sa réussite.

La commanderie, structure templière de base

Constituée à partir de donations, la « commanderie », à l'origine petite exploitation agricole, devient au fil du temps, des dons et acquisitions, une véritable « maison mère », régnant sur des « membres », d'une importance variable selon les régions.

Les commanderies de Richerenches et Ruou, en Provence, de Sainte-Eulalie, dans le Larzac et de Montsaunès, au pied des Pyrénées, vont nous fournir des exemples concrets de la manière dont elles ont prospéré.

LES TEMPLIERS

Au fil des décennies du XIIe siècle, le Temple tisse sa toile, quadrille la France et l'Europe, encourageant les commanderies à multiplier des acquisitions de biens et terres cultivées ou à défricher. Dès la fin de ce siècle, existe réellement un réseau particulièrement dense, où les chevaliers d'une quelconque contrée peuvent trouver facilement une maison templière où s'engager, et l'Ordre, des denrées agricoles considérables, sans oublier les montures indispensables pour les combats en Orient.

L'organisation hiérarchique et territoriale en Occident

Souplesse et pragmatisme, voilà deux vertus dont a su faire preuve l'Ordre : la hiérarchie s'y constitue peu à peu, non sans certains tâtonnements, au fur et à mesure que le nombre des « frères » augmente. Ainsi, chaque établissement ou maison du Temple, « domus Templi », paraît avoir relevé d'abord directement du Maître.

Dès 1129, celui-ci est secondé, en France, par un « Maître de la milice en France », Payen de Montdidier.

En 1143, nous est connu un « Maître de la Provence et de parties de l'Espagne » (« magister domorum milicie templi in Provincia et partibus Hispanie »), Pierre Della Rovere, dont l'autorité s'étend sur les commanderies du Midi (Larzac, Provence…) et du royaume d'Aragon-Catalogne.

Par les « Retraits », datés de 1165, nous savons (article 87), que le Maître, avec l'accord du chapitre, désigne les commandeurs des provinces de France, d'Angleterre, de Provence, d'Aragon, du Poitou, des Pouilles (Italie), du Portugal et de Hongrie.

À la fin du XIIe siècle, la province de France, la plus importante, compte plusieurs « préceptories » régionales, telles la

Vue aérienne de la commanderie d'Arville, fondée par les Templiers, au début du XIIe siècle. L'importance et la qualité des bâtiments existants ont fait dire à l'historienne Régine Pernoud qu'elle est la commanderie « la mieux conservée de France ». On distingue en effet très bien la structure type d'une commanderie, avec ses bâtiments d'exploitation, sa chapelle et son pigeonnier.
Ph. J.-J. Biet - Commanderie templière d'Arville.

LE TEMPLE TISSE SA TOILE...
DE COMMANDERIES, EN FRANCE ET EN EUROPE

LES TEMPLIERS ET LA FOIRE DE LA MONTBRAN

Attestée depuis le XIIe siècle, cette foire est l'une des plus anciennes de Bretagne. Elle se tenait à l'origine le 14 septembre, jour de l'Exaltation de la sainte croix et était renommée pour le commerce des bestiaux (vaches, moutons, ânes et poulains), les robustes chevaux bretons étant tout particulièrement recherchés. Pour s'en réserver les meilleurs (à destination de la Palestine), les Templiers prirent tout simplement le contrôle de la foire dès cette époque.

Carte postale du début du XXe siècle, représentant les vestiges de la tour de Montbran (Côtes-d'Armor), édifiée par les Templiers pour contrôler la vallée du Frémur. Archives départementales des Côtes-d'Armor.

Picardie, la Normandie et l'Île-de-France.

Les écrits de l'époque portent souvent à confusion, citant pour le même poste, les termes de « maître », « précepteur », « commandeur », voire « grand maître ».

L'Ordre veille, par ailleurs, à respecter les susceptibilités des grands féodaux, comtes, ducs ou princes. Ainsi, les Templiers du duché de Bretagne sont-ils commandés par un « Maître de la milice du Temple », en Bretagne, comme Guillaume Ferron en 1170 ou Pierre de Langan, en 1245.

UN RÉSEAU EUROPÉEN DE COMMANDERIES PARTICULIÈREMENT DENSE

« Au milieu du XIIIe siècle, le chroniqueur anglais Mathieu Paris écrit : "Les Templiers ont 9 000 manoirs dans la chrétienté…" On prend la plupart du temps les chiffres de Mathieu pour argent comptant. Or ils sont tout à fait excessifs, à moins de baptiser commanderie la moindre pièce de vigne, le moindre écart appartenant au Temple… » (« Vie et mort de l'ordre du Temple », page 109.)

Rendons grâce au professeur Demurger d'avoir rétabli la réalité des chiffres : il n'y a pas eu neuf mille commanderies en Occident mais un nombre compris entre deux mille et trois mille… ce qui est déjà beaucoup ! Faisons confiance aux spécialistes de l'histoire templière qui les ont recensées selon les pays, à l'image de Laurent Dailliez (« La France des Templiers ») qui a dénombré mille cent soixante-dix commanderies pour la France et Thomas Parker, évaluant leur nombre à une quarantaine, au début du XIVe siècle, en Angleterre.

La surveillance des voies de pèlerinage et grands axes de circulation

Est-ce une volonté délibérée, un choix éminemment stratégique ou la résultante des appels pressants des gouvernants (de toute façon, le Temple y trouvait son intérêt), toujours est-il qu'une constatation s'impose : l'implantation de nombreuses commanderies le long des voies de pèlerinage et de grande circulation.

Les Templiers sur les chemins de Compostelle

Du XIIe au XVe siècle, le sanctuaire de Saint-Jacques-de-Compostelle a attiré des foules considérables de pèlerins, en provenance de toute l'Europe, désireux de vénérer le tombeau de l'apôtre Jacques, en cette pointe extrême de la Galice. Les Templiers ont joué un rôle important dans le cadre de la surveillance des chemins suivis par les « jacquets », tout comme ils ont protégé les « paumiers », pèlerins de Terre sainte. Voici quelques exemples significatifs.

En Bretagne

Pour assurer la sécurité des pèlerins des îles Britanniques débarquant dans les ports du Dahouët ou de Port-à-la-Duc, pour se rendre au Mont-Saint-Michel ou à Compostelle (très souvent les deux), les Templiers s'implantent à Saint-Alban et à Montbran (Côtes-d'Armor). Ils firent édifier, en particulier, dans cette dernière localité, une grande tour de pierre octogonale, au sommet de la colline dominant la vallée du Frémur. Au bord de l'ancienne voie romaine reliant Saint-Alban à Alet (Saint-Servan, près de Saint-Malo), c'était une position stratégique de première importance.

Dans les Pyrénées

Les Templiers protègent les pèlerins de Compostelle empruntant les chemins traversant les vallées pyrénéennes comme ceux de la voie d'Arles, passant par Toulouse et le col du Somport, ou ceux du Piémont, par Saint-Lizier et Saint-Bertrand-de-Comminges. Ainsi les rencontre-t-on à Gavarnie, Aragnouet, Montsaunès… en deçà des Pyrénées, comme à Huesca, sur l'autre versant.

En Espagne du Nord, sur le « camino francés »

Le puzzle si dense des itinéraires européens, empruntés par les pèlerins de Compostelle au Moyen Âge, se réduit à une voie unique, à partir de Puente La Reina, au royaume de Navarre : c'est le mythique « camino francés », ainsi baptisé parce que venant de France.

Des commanderies templières sont attestées près du grand chemin, comme à Villalcazar de Sirga, dont il demeure une imposante église romane et une célèbre statue de pierre, « Santa Maria la Blanca », vénérée par les jacquets, et à Ponferrada, remarquable pour son impressionnant château édifié par les moines soldats. Du simple « castro » (emplacement défensif) qui leur fut confié, en 1178, par les rois de León, les frères du Temple n'eurent de cesse de l'agrandir pour en faire une véritable forteresse, à l'ombre de laquelle les pèlerins se sentaient en sécurité.

L'ordre du Temple sur les grands axes de circulation

Cet aspect a été particulièrement bien mis en valeur par l'historien Raymond Oursel dans son ouvrage, « Routes romanes » (Éd. Zodiaque). Ainsi fait-il remarquer que les Templiers, *« en amont de Paris, verrouillaient chacune des grandes vallées qui sont à la fois les poumons de la capitale et les couloirs permanents de ses invasions : l'Yonne, par les commanderies avallonnaises et auxerroises ; la Seine, par celles du pays châtillonnais, des environs de Troyes et de la région de Melun ; l'Aube, par celles de Bar, de Thors,*

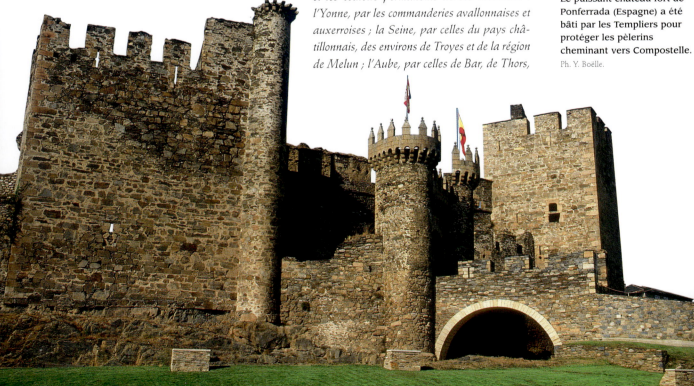

Le puissant château fort de Ponferrada (Espagne) a été bâti par les Templiers pour protéger les pèlerins cheminant vers Compostelle.
Ph. Y. Boëlle.

LE TEMPLE TISSE SA TOILE...
DE COMMANDERIES, EN FRANCE ET EN EUROPE

« Une nef templière ». Sur leurs grands navires, aux noms évocateurs, la « Rose du Temple », le « Faucon du Temple », les Templiers ont transporté des milliers de pèlerins en Terre sainte.
Illustration de Pierre Joubert.

d'Arrentières, de Bas-Pré ; la Marne, par les maisons semées des sources au confluent, autour de Chaumont, Joinville et Châlons... l'Oise, par Compiègne et le bloc compact des maisons réparties autour de Beaumont... les troupes royales partant mâter les Flandres défilaient devant leurs murailles, et les foires de Champagne s'ouvraient sous leur garde, tout comme s'effectuaient ailleurs les mouvements de la transhumance du Languedoc, du Rouergue et du Quercy... ».

La voie stratégique du Rhône

À partir de la commanderie de Richerenches, fondée en 1136, le Temple essaime à travers toute la Provence : dès 1138, il s'implante à Orange, puis dans les villes et les ports les plus importants, créant des commanderies à Montélimar, Aix (1143), Arles, Marseille, Saint-Gilles...

Carrefour de voies pèlerines (vers Rome et Compostelle), cadre elle-même d'un pèlerinage fort réputé au tombeau de saint Gilles, port d'embarquement pour la Terre sainte, cette dernière cité fut naturellement privilégiée par les Templiers qui s'y installèrent dès 1138. Leur commanderie se développera considérablement, au point de diriger bientôt une dizaine de « maisons » subalternes.

Les ports de la Méditerranée

En prévision du transport des « frères » partant combattre en Terre sainte, mais aussi de celui des pèlerins, des vivres et des chevaux, le Temple s'implanta très tôt à

Marseille. Dès la fin du XIIe siècle, six mille « paumiers » s'y embarquaient sur les navires de l'ordre du Temple ou de l'Hôpital.

Les Templiers ne négligeront point pour autant les autres ports méditerranéens : Collioure, Martigues, Hyères, Toulon, Saint-Raphaël, Nice, Gênes... commanderies et possessions diverses s'y multiplieront.

LES COMMANDERIES TEMPLIÈRES : STRUCTURES ET ACTIVITÉS

Comment fonctionnaient ces commanderies qui ont permis à l'ordre du Temple de devenir, au XIIIe siècle, le plus important propriétaire foncier de la chrétienté ? Quelques exemples concrets vont nous éclairer sur les méthodes utilisées par les Templiers pour exploiter au mieux les donations d'origine et leur assurer une indéniable prospérité.

La commanderie de Richerenches (Provence)

Elle nous est bien connue grâce à son cartulaire (recueil de titres relatifs à des biens temporels), qui nous fournit de précieuses indications, tout comme l'étude, fort précise, du professeur Daniel Le Blevec : « *Les biens fonciers qui avaient été donnés aux Templiers par les seigneurs de Bourbouton durent d'abord être asséchés, drainés, défrichés afin de les rendre aptes à la culture. En peu d'années, la commanderie de Richerenches allait devenir une véritable "ferme modèle", dont l'activité s'orientait vers trois domaines privilégiés :*

« *La production de légumes (salades, lentilles, courges, choux, fèves) et de céréales faciles à transporter et à monnayer : blé, orge, avoine et seigle.*

« *L'élevage de moutons pour la production de laine (ne serait-ce que pour confectionner les manteaux des "frères").*

« *L'élevage des chevaux qui a toujours été l'une des priorités. Dès 1146, le haras de la commanderie produisait des destriers (chevaux de bataille), capables de supporter les rudes conditions en Terre sainte. Y étaient élevés également des palefrois (chevaux de marche ou de parade) et des roncins, servant de montures aux écuyers, au transport des armes et du matériel.*

« *Des moulins, source de revenus appréciables à cette époque, fonctionnaient dans de nombreuses fermes ou dépendances de la commanderie. Vignes et arbres fruitiers y étaient

Entrée principale du village de Richerenches (Vaucluse), première commanderie templière fondée en Provence. Ph. J.-M. Coste.

également exploités. Grâce à l'argent, dont l'Ordre était abondamment pourvu, aux nombreux serviteurs dépendants et aux serfs appartenant à la commanderie, la mise en valeur du patrimoine fut remarquablement conduite et fit connaître à la maison de Richerenches une prospérité de plus d'un siècle.

« Les actes contenus dans le cartulaire permettent de localiser l'étendue du temporel relevant de la commanderie. Dès le début du XIIIe siècle, les Templiers sont présents dans la plupart des localités de la région, où ils possèdent des terres de labour, des vignes, des prés, des bois, des maisons dans les villes, des exemptions de péage, des droits de pâturage pour les troupeaux…

« Parmi les lieux où ils ont été possessionnés, outre Richerenches, Bourbouton et Saint-Paul-Trois-Châteaux, il faut mentionner : Baume-de-Transit, Visan, Montségur, Grillon, Montjoyer, Chantemerle, Grignan, Valaurie, Clansayes, Taulignan, Suze-la-Rousse… le tout constituant un ensemble cohérent, centré sur la commanderie elle-même. D'autres biens, plus éloignés à Orange et à Roaix, furent détachés de Richerenches, dès 1138, pour constituer deux commanderies indépendantes.

« La commanderie de Richerenches resta quelque temps la plus importante de Provence, au même titre que celles d'Arles et Aix en Provence. Elle fut chef de juridiction. Très prospère, elle compta jusqu'à 275 membres et ne cessa de s'agrandir et s'enrichir en terres et droits. »

La commanderie de Ruou (Provence)

Située entre Lorgues et Villecroze, de cette commanderie prospère au XIIIe siècle, il ne reste plus qu'une chapelle en ruines, « perdue dans la nature » (sur une propriété privée), que j'eus bien du mal à découvrir par une chaude matinée du mois de juin. Rendons hommage à l'association « Empreinte et traditions du Ruou », qui en assure la sauvegarde et a réalisé une étude détaillée, dont voici les principaux enseignements : « La première mention du Ruou apparaît dans une charte de 1155 par laquelle quinze coseigneurs de Flayosc se mettent d'accord avec les frères de la maison du Ruou et le seigneur Pierre de Rovère, pour donner aux Templiers certaines terres sur lesquelles les donateurs leur concédaient la faculté de prendre bois, eau et pierres cassées selon les besoins de leur maison (laissant supposer ainsi qu'ils allaient construire)…

« C'est à partir de 1190 que se développe le grand mouvement d'expansion de la commanderie, qui dure assez peu, car en 1253, l'essentiel du domaine paraît constitué. Après cette date, seules deux autres acquisitions sont mentionnées…

« Le patrimoine initial se compose du domaine du Ruou, entre Lorgues et Villecroze ; s'y ajoutent les terres de Salgues et Salguettes, situées au sud du Ruou. Ces terres appartiennent aux Templiers, avec tout ce qu'elles contiennent, comme le montre la confirmation faite par le comte de Provence en 1157. Ces possessions sont situées un peu à l'écart des grandes routes de circulation, au contact de la haute et de la basse Provence. Au nord c'est déjà la Provence montagneuse, avec la zone des plans, comme le grand plan de Canjuers, véritable causse désertique, traversée par les canyons du Verdon et de l'Artuby. Au sud, c'est la vallée de l'Argens, une des principales routes de la Provence orientale au Moyen Âge, région plus riche et plus peuplée.

« Le patrimoine de la commanderie s'étend dans ces deux directions. Vers la haute Provence, les acquisitions sont peu nombreuses, il s'agit surtout de droit de pâturage concédé par les seigneurs locaux, notamment à Aups en 1201, Salernes en 1205…

« Vers la basse Provence, il faut noter un nombre important d'achats dès le début, auxquels s'ajoutent quelques donations, l'ensemble surtout en terres, moulins, droits seigneuriaux divers. Dans cette région le Ruou n'établit pas moins de six maisons annexes.

« La commanderie développe son influence en augmentant ses possessions à Lorgues. Les Templiers y amassent des biens considérables dont les premiers sont tous achetés, ce qui

Vue générale du village de Sainte-Eulalie-de-Cernon, l'une des remarquables « cités templières » du Larzac.
Conservatoire du Larzac.

montre bien que c'est volontairement et non par le hasard d'une donation que l'ordre du Temple se développe dans cette cité. On note ainsi l'achat de plusieurs maisons en 1190, puis de terres et de droits divers en 1193 et 1205, l'échange, en 1224, de biens isolés à Draguignan contre des terres à Lorgues.

« Toujours en direction du Sud, les Templiers dépassent bientôt Lorgues et s'installent, en 1231, dans la vallée de l'Argens grâce à la générosité des seigneurs de Vidauban…

« Ainsi, au milieu du XIIIe siècle, la commanderie du Ruou est solidement implantée dans la vallée de l'Argens, d'autant qu'elle possède des biens, non seulement à Vidauban, mais à l'Ouest à Montfort-sur-Argens et à l'Est aux Arcs et à Roqueburne…

« Il semble que l'apogée de la commanderie se situe au milieu du XIIIe siècle, date à laquelle le domaine semble pratiquement constitué grâce à trois types d'acquisitions : donations — acquisitions — échanges.

« La commanderie possédait des "Membres" à Lorgues, Lagnes (Ampus), Saint-Maismes (Trigance), etc. ; en plus de 240 tenures dans les vallées et bourgs du voisinage (les tenures étaient des exploitations confiées à des tenanciers en échange de redevances, les autres propriétés constituant la "réserve" exploitée directement par les serviteurs du Temple). »

Toutes ces informations et ces chiffres démontrent à quel point les Templiers du Ruou surent faire prospérer la donation initiale !

La commanderie de Sainte-Eulalie du Larzac

Selon l'historien Antoine du Bourg, celle-ci fut « *le plus important établissement du Temple dans tout le Midi* ». Chance insigne, les paysages, les bâtiments et les villages fortifiés témoignent encore aujourd'hui de l'œuvre immense accomplie par les Templiers dans le Larzac.

En 1140, les premières donations, fort modestes, effectuées par Raymond de Luzançon, à son entrée dans l'Ordre (quelques terres autour de son château de Saint-Georges), ne laissaient en rien présager une telle destinée.

Les origines et les raisons de l'expansion de cette commanderie ont été parfaitement détaillées par Antoine-Régis Carcenac, dans sa remarquable thèse de doctorat, « La Commanderie du Temple de Sainte-Eulalie du Larzac » (publiée en 1994, dans un ouvrage aux Éditions Lacour de Nîmes). C'est à l'Institut d'études méridionales (rue du Taur, à Toulouse) que j'ai pu la consulter à loisir, pour en extraire ces précieuses informations : « *L'examen de la formation du temporel a montré d'abord avec quelle rapidité celui-ci a été constitué. On peut dire qu'à la fin du XIIe siècle la puissance foncière de la commanderie avait été presque entièrement édifiée. Les biens dont disposent les Templiers ont été acquis surtout par des donations, complétées par des achats judicieux. Ces nombreux dons, quelquefois de grande valeur, témoignent de la piété des hommes, qui cherchent ainsi à acquérir des mérites en vue de leur salut. Parmi ceux-ci, beaucoup appartiennent à la noblesse locale. Surtout les comtes de la maison de Barcelone qui dominent le pays au XIIe siècle, se font les principaux bienfaiteurs et fondateurs du Temple de Sainte-Eulalie…* »

Achats judicieux et donations, voilà les raisons réelles de l'expansion de cette commanderie (comme de toutes celles de l'Ordre en Europe). Antoine-Régis Carcenac nous fournit de probants exemples, ainsi, d'« achats judicieux » : « *L'ordre du Temple achète à l'abbaye de Gellone l'église de Sainte-Eulalie, en 1152, avec toutes les dîmes, terres, droits qui en dépendaient, moyennant une rente annuelle de 80 sols melgoriens et de 6 fromages valant 6 sols…*

« *Installés au milieu du XIIe siècle à Sainte-Eulalie, les Templiers ont rassemblé sur le Larzac et dans les régions voisines des terres qui leur ont permis d'organiser un vaste domaine agricole.*

« *Ils ne se sont pas contentés de recevoir des terres qui leur assuraient des revenus fixes et des parts sur les récoltes ; ils ont aussi acquis des champs, des prés, des pâturages qui n'étaient tenus par personne et qu'ils pouvaient exploiter directement…* »

Puis de donations : « *En 1159, c'est le village même de Sainte-Eulalie et tout le Larzac qui sont donnés à Élie de Montbrun, Maître du Temple en Rouergue, par Raymond Bérenger, comte de Barcelone et roi d'Aragon, qui est en même temps comte de Millau. En 1181, Raymond, abbé de Conques, donne à son tour au Maître de Sainte-Eulalie, Bernart Escafre, l'église et le village d'Alsobre, avec toutes ses dépendances.*

« *Trois ans plus tard, en 1184, Sanche, comte de Provence et frère du roi d'Aragon, donne au commandeur du Temple de Sainte-Eulalie, Guillaume de la Garrigue, tous les droits de péage qu'il percevait à Sainte-Eulalie et sur le Larzac. Des motifs qui ont déterminé les donations, le plus apparent est incontestablement la piété du donateur. On rencontre des formules telles que "per redemptio de mos peccatz" ou "per salut de nostras animas e de nostres paires"…* »

« Pour la rédemption de nos péchés » ou « Pour le salut de nos âmes et de nos pères », ce sont les formules consacrées, que l'on retrouve dans de très nombreuses donations faites au Temple.

Pendant cent cinquante ans, les Templiers du Larzac vont mettre en valeur le Causse, défrichant, irriguant, valorisant les terres, développant l'élevage, pour en faire une exploitation prospère ; ainsi, en 1308, peu après l'arrestation de tous les frères du Temple, l'inventaire des biens des trois « maisons » de Sainte-Eulalie, de la Cavalerie et du Fraissiel, nous le prouve amplement, avec les chiffres suivants : mille sept cent vingt-cinq ovins, cent soixante caprins, cent quarante-six bovins dont soixante-trois bœufs de labour, trente-cinq chevaux, vingt-quatre porcs, huit ânes ou mulets.

Proche des ports de la Méditerranée, la commanderie de Sainte-Eulalie et ses dépendances ont largement contribué à « l'effort de guerre » qui est, ne l'oublions pas, la vocation première des maisons du Temple en Occident.

Vestiges du château édifié en 1249, par les Templiers, à La Couvertoirade, commanderie fondée dans le Larzac après Sainte-Eulalie et La Cavalerie.

Conservatoire du Larzac.

La commanderie de Montsaunès (en Comminges)

Le cartulaire de cette commanderie a été étudié par le professeur Charles Higounet qui répartit ainsi les modes d'acquisition en quatre catégories : cessions gratuites, ventes, donations à titres onéreux, engagements. Selon lui, « *les abandons rémunérés sont les plus nombreux, juste avant les cessions gratuites, par lesquelles les grands avaient la possibilité d'entrer dans l'Ordre, soit comme frères, soit comme "donats"* ».

Dans son mémoire de maîtrise, sur « L'église des Templiers et les vestiges du château de Montsaunès », F. Laborde nous éclaire sur les donations : « *Les bienfaiteurs du Temple sont très nombreux, mais le plus important est sans nul doute le comte de Comminges. Viennent ensuite les seigneurs de Montpezat, de Roquefort, les Bartère, les Couts, les Aspet, les Martres, les Tersac, les prieurs de Saint-Martory…*

« *Ainsi, à la fin du XIIe siècle, les Templiers possédaient Bartère, Castans, Vidalets, Figarol, Sainte-Mayronne de la Pujole, à Saint-Martory et sur la rive gauche de la Garonne, à Lafitte et à Carrole, à Salies et dans la vallée du Salat, à Couts, sur le versant nord du Massif d'Ausseing, à Canens, dans le Terrefort, en Castillonnais enfin…*

LE TEMPLE TISSE SA TOILE...
DE COMMANDERIES, EN FRANCE ET EN EUROPE

Vue générale du village de La Couvertoirade, dont l'enceinte est admirablement conservée.
Conservatoire du Larzac.

« Ils sont devenus de riches seigneurs, leur maison fortifiée est sans doute terminée à présent, ainsi que leur très belle chapelle castrale. Ils rendent la justice dans leurs nombreuses possessions, et celles-ci leur versent des redevances qui leur permettent de vivre aisément. Ce qu'ils font, sans grands changements, jusqu'à la date de la suppression de leur Ordre : 1312. »

LA VIE QUOTIDIENNE DANS UNE COMMANDERIE

Fascinés par les enluminures et miniatures exaltant les prouesses guerrières des Templiers en Orient, nous oublions trop souvent la vie monacale, austère et studieuse des frères en Occident. Aussi faut-il souligner la vie de prière (comme de travail), vécue dans les commanderies, selon la règle de l'Ordre. Dans son ouvrage « Les Templiers en Normandie » (Éd. Ouest-France), Michel Lascaux nous la décrit ainsi : « La vie quotidienne dans une commanderie du Temple était rythmée par les offices religieux : dès que la cloche des matines sonnait, vers quatre heures du matin, chaque frère du Temple devait aller prier en la chapelle. Il y retournait, deux heures après, pour y entendre la messe de prime.

« Après avoir récité les heures de Notre-Dame, le Templier de Sainte-Vaubourg, de Baugy ou de Valcanville, effectuait les tâches que le commandeur lui avait confiées.

« À l'heure du déjeuner, il devait garder le silence pendant tout le repas, tandis que le chapelain lisait à haute voix les Saintes Écritures. Pendant l'après-midi, les frères, après avoir vaqué à leurs diverses occupations, devaient encore entendre les nones et les vêpres.

« Avant de se coucher, ils se réunissaient pour entendre les ordres que le commandeur avait à leur donner, pour la journée du lendemain. Ils allaient ensuite chanter les complies dans la chapelle.

« Ces frères mangeaient sobrement : on ne leur donnait de la viande que trois fois par semaine, et ils observaient avec assiduité les jeûnes que leur prescrivait l'Église... »

Ce comportement exemplaire des premiers temps de l'Ordre laissera place, trop souvent hélas, au cours du XIIIe siècle, à des scènes moins édifiantes (relâchement des mœurs, bonne chère et bons vins...), qui expliqueront facilement la dégradation de l'image de marque du Temple.

Les Templiers en Orient
(1120-1291)

De la défense des pèlerins à celle des États latins

L'ordre du Temple a été fondé, en 1119 (ou 1120), par le chevalier Hugues de Payns pour protéger les pèlerins de Terre sainte, contre les attaques des pillards et autres « infidèles ». Mais l'objectif initial de l'Ordre va s'élargir, très tôt, à celui, bien plus large, de la défense de la chrétienté en Orient, représentée par les États latins, créés à la suite de la première croisade.

La tournée en Occident du premier Maître du Temple, Hugues de Payns, a été couronnée de succès : accompagné de nombreux chevaliers, il retourne en Palestine, en 1129, et mène ses troupes au combat contre l'émir de Damas, cette même année. Diverses Chroniques signalent, ensuite, les engagements des « Pauvres chevaliers du Christ et du temple de Salomon » contre les musulmans, en 1133 et, surtout, l'affaire désastreuse de Teqoa, en 1139.

Page de gauche :
Portrait de Baudouin II, roi de Jérusalem.
Peinture de Edouard Odier, XIXe siècle.
Baudouin du Bourg succède à son cousin Baudouin Ier, en 1118. C'est lui qui donne à Hugues de Payns cet emplacement dans l'ancien temple de Salomon, à l'origine du nom de l'ordre futur. Musée du château, Versailles.
© Ph. RMN, G. Blot.

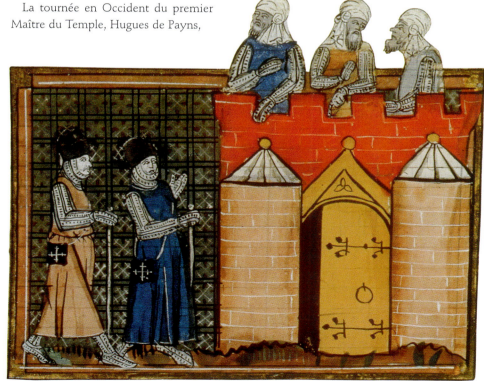

Miniature in « Roman de Godefroy de Bouillon et de Saladin » (XIVe siècle) représentant deux Templiers au pied d'une cité défendue par des Sarrasins (reconnaissables à leur turban).
Barbus, les cheveux rasés, les Templiers étaient particulièrement redoutés des « Infidèles ».
Bibliothèque nationale de France.

Lors de la deuxième croisade, les Templiers encadrent l'armée du roi de France Louis VII. Après avoir rejoint leurs « frères », à Jérusalem, au cours de l'été 1138, ils participent au siège de Damas, en compagnie des Hospitaliers et des croisés (français et allemands). L'échec qui s'ensuit précipite la fin de cette deuxième croisade.

En l'espace de trois décennies, l'ordre du Temple, qui ne comptait que quelques chevaliers à l'origine, s'est considérablement développé et prend une place, sans cesse grandissante, dans l'appareil défensif des États latins. Il convient de se pencher, à présent, sur sa structure très hiérarchisée, l'une des composantes essentielles de son efficacité.

L'ORGANISATION ET LA HIÉRARCHIE DU TEMPLE EN ORIENT

Elles se sont adaptées à la croissance de l'Ordre : les règlements contenus dans les soixante-douze articles de la Règle latine, élaborée au concile de Troyes, en 1129, seront complétés au fil du temps par les Retraits (1165), les Statuts hiérarchiques (vers 1230) et les Égards (après 1250).

Le Maître

Au sommet de la hiérarchie templière, le Maître réside en Terre sainte, à Jérusalem, car la raison d'être de l'Ordre est et restera « la défense des pèlerins et du Saint-Sépulcre ».

Il est élu par treize frères électeurs, originaires de « *diverses nations et divers pays* », selon une procédure fort complexe. S'il dirige le Temple, à l'image de l'abbé d'un ordre monastique, le Maître ne dispose point de pouvoirs illimités ; pour toutes les décisions importantes, il doit consulter les frères réunis en chapitre : « *Tous les frères doivent obéir au Maître et le Maître doit obéir à son cou-*

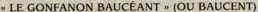

vent » (on ressent ici l'influence des Cisterciens). C'est lui qui désigne les principaux dignitaires, mais avec l'accord du chapitre. Il est toujours assisté de deux chevaliers, d'un rang élevé, à même de le conseiller… mais aussi de le surveiller !

Il dispose pour son usage personnel d'une véritable « maison » : outre les deux frères chevaliers, un frère chapelain, un clerc, un « écrivain sarrasinois » (faisant fonction d'interprète), un sergent, un turcople (soldat auxiliaire d'origine locale), un maréchal-ferrant, un cuisinier, deux palefreniers, chargés de son destrier turco-

Fresque de la chapelle templière de Cressac (près d'Angoulême), représentant un croisé chargeant, lors de la bataille de la Bocquée, en 1163.
Ph. Y. Boëlle.

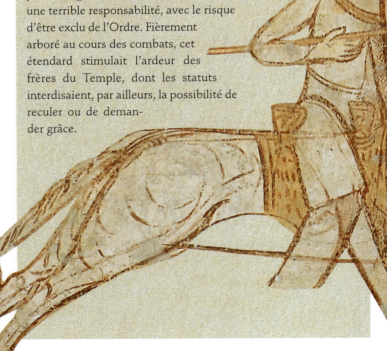

« LE GONFANON BAUCÉANT » (OU BAUCENT)

« *D'argent au chef de sable, à une croix de gueules passant* », la bannière des Templiers devint très tôt célèbre, sur les champs de bataille de Palestine. Moitié noire (symbolisant la haine contre l'ennemi), moitié blanche (l'amour pour les amis), ornée de la croix rouge (après 1147), elle était brandie par le gonfalonier, qui ne devait en aucun cas la baisser ou, bien plus grave, la perdre.

C'était un grand honneur, pour un templier, de porter le gonfanon baucéant ; c'était aussi une terrible responsabilité, avec le risque d'être exclu de l'Ordre. Fièrement arboré au cours des combats, cet étendard stimulait l'ardeur des frères du Temple, dont les statuts interdisaient, par ailleurs, la possibilité de reculer ou de demander grâce.

LES TEMPLIERS EN ORIENT (1120-1291)

LA DEVISE DES TEMPLIERS

Brodée tout autour du gonfanon baucéant, elle trouve son origine dans les psaumes :
« *Non nobis Domine, non nobis, sed Nomini Tuo da gloriam* » (Non pas à nous Seigneur, non pas à nous, mais à Ton Nom seul, donne la gloire).

man (cheval de guerre choisi parmi l'élite).

En campagne, il dispose d'une grande tente ronde (comme la chapelle du Saint-Sépulcre) et est escorté, en permanence, par un frère portant le « gonfanon », l'étendard de l'Ordre.

Lors des opérations militaires, le Maître décide, seul, de l'engagement (et l'on constatera, à plusieurs reprises, les conséquences néfastes d'un tel droit). Il signe ses missives et décisions de son sceau, la « bulle », portant sur une face deux chevaliers sur la même monture et sur l'autre face, le dôme du Rocher (où se situe la maison chèvetaine de l'Ordre, à Jérusalem). Il est représenté par des visiteurs (sorte d'inspecteurs généraux), dans tous les pays où le Temple possède des commanderies.

Le sénéchal

Second dignitaire de l'Ordre, il remplit toutes les fonctions du Maître, en son absence. Il dispose, d'ailleurs, d'une « maison » presque aussi importante que ce dernier.

En haut : **Devise des Templiers. Chapelle du Temple, Carentoir (Morbihan).**
Conservatoire du Larzac.

Au centre : **Sceau du maître du Temple, Renaud de Vichier (1255).**
Conservatoire du Larzac.

Le maréchal

Autorité militaire suprême, il a la charge des armes et des chevaux. En campagne, tous les frères sergents et autres gens d'armes sont aux ordres du maréchal, qui prend également la tête de la cavalerie lourde des Templiers, lorsqu'elle charge. Son rôle est donc très important.

Le commandeur de la Terre et Royaume de Jérusalem

C'est le grand trésorier de l'Ordre, mais aussi, le chef de la première province, celle de Terre sainte. Il assure une fonction essentielle en tant que « ministre des finances » : c'est lui qui gère les flux financiers et les avoirs de l'Ordre, en Orient et en Occident. À ce titre, il est le commandant de la flotte templière, dont le trafic passe, en quasi-totalité, par le port d'Acre.

C'est lui également qui répartit les frères dans les commanderies et forteresses, en fonction des disponibilités ou nécessités du moment. Il est assisté du drapier, chargé de la fourniture de l'habillement des Templiers et de leur matériel de campagne (tentes et lits).

Le commandeur de la cité de Jérusalem

Il est chargé d'assurer la défense et la protection des pèlerins en Palestine. À ce titre, dix chevaliers lui sont attachés en permanence.

Les commandeurs des provinces

En Terre sainte, les commandeurs des provinces de Tripoli et d'Antioche sont des dignitaires importants, jouissant de droits étendus, dans leurs circonscriptions.

Cette hiérarchie des frères chevaliers, en Orient, se complète par quelques dignités exceptionnelles, réservées à des frères sergents ou écuyers :

— le sous-maréchal, chargé de l'entretien des armes et armures ;
— le gonfanonier ;
— le turcoplier.

C'est le chef des « turcpoles » (ou « turcopoles »), combattants d'origine locale, guerroyant à la « turque » (à cheval, avec leur arc). Le turcoplier bénéficie d'un équipage de quatre chevaux et, en cas d'engagement, ne reçoit d'ordres que du Maître ou du sénéchal.

LES TEMPLIERS : UN RÔLE CLÉ DANS L'APPAREIL DÉFENSIF DES ÉTATS LATINS (1130-1187)

Les forteresses templières

Est-ce le retour d'Hugues de Payns, en Palestine, en 1129, en compagnie de nombreux chevaliers occidentaux, qui a impressionné les souverains des États latins ? Toujours est-il que les frères du Temple vont jouer, très tôt, un rôle essentiel dans leur système défensif.

Seigneur turc et son troupeau ; miniature in « Roman de Godefroy de Bouillon et Saladin » ; xive siècle.

Bibliothèque nationale de France.

LES TEMPLIERS EN ORIENT (1120-1291)

DÉFENSE ET PROTECTION DES PÈLERINS : UNE MISSION BIEN REMPLIE

C'est, ne l'oublions jamais, la raison d'être de l'Ordre. Cette mission sera scrupuleusement suivie par les frères du Temple, véritables « gendarmes », sur les chemins empruntés par les paumiers vers les Lieux saints : Jérusalem, bien sûr, pour aller vénérer le tombeau du Christ (le Saint-Sépulcre), mais aussi Bethléem (la grotte où il est né), le Jourdain, fleuve où il fut baptisé… Partout les Templiers veillent !

Ainsi, les pèlerins débarquant au port d'Acre prenaient-ils le chemin côtier jusqu'à Jaffa, sous la protection des frères du Temple occupant la tour de Détroit, édifiée au-dessus d'un défilé propice aux embuscades.

De Jaffa à Jérusalem, les Templiers montaient une garde vigilante, en leur château de Merle et tour de Casal des Plains[1].

1. Alain Demurger consacre un chapitre aux forteresses templières assurant la protection des pèlerins et des États latins. Consultez le numéro spécial d'*Historia* (mai-juin 1988, p. 30-35)

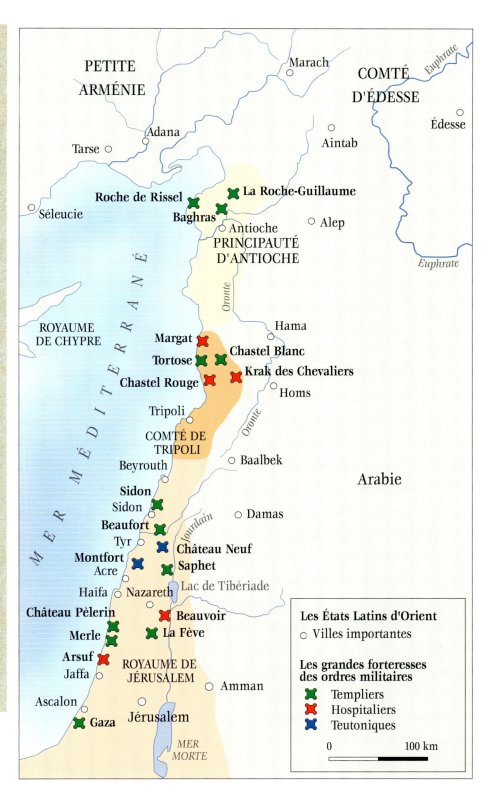

Dans la principauté d'Antioche

Sous la menace pressante du royaume d'Arménie, Raymond de Poitiers, prince d'Antioche, décide de consolider la frontière et fait appel aux Templiers, vers 1131-1133, leur confiant le château de Baghras, position clé, qui sera renforcée ensuite, avec les châteaux de Roche-Guillaume et Roche-de-Loisel.

Dans le comté de Tripoli

Réputée pour son pèlerinage à la Vierge Marie, la cité de Tortose est gardée par une puissante forteresse, remise elle aussi aux Templiers. La défense du nord du comté est assurée par le château de Chastel-Blanc (aujourd'hui Safita), au donjon massif, s'élevant à vingt-sept mètres. Du sommet, les frères du Temple pouvaient communiquer, par signaux, avec ceux de l'Hôpital, occupant le monumental « Krak des Chevaliers ».

Dans le royaume de Jérusalem

Du nord au sud, la présence templière y est particulièrement affirmée, avec ses puissantes forteresses, châteaux ou tours de défense.

Détail des voûtes du Château-Pèlerin, la plus importante forteresse templière d'Orient, assurant la garde de la voie entre Acre et Césarée.
© Collection Viollet.

Au nord : les châteaux de Sidon, Beaufort et Saphet. Ce dernier fut édifié à l'initiative du roi de Jérusalem, Foulques d'Anjou (1131-1141). À proximité, au Gué-Jacob, fut construit le « Châtelet », juste après la victoire des « Latins » sur Saladin, à Montgisard (1177), mais il fut pris par le chef musulman, à peine fini, deux ans plus tard.

Au centre : les châteaux de Merle et La Fève. En 1217 débuteront les travaux de la plus importante forteresse jamais bâtie en Terre sainte : Château-Pèlerin (aujourd'hui Athlit). Construite sur un promontoire dominant la mer, cette formidable place forte ne sera jamais prise par les musulmans. Les Templiers l'évacueront le 14 août 1291.

Au sud : la tour de Casal des Plains, les châteaux de Chastel-Hernault et de Toron-des-Chevaliers permettent aux frères du Temple de monter une garde vigilante dans la région de Jérusalem. À l'extrême sud, le château de Gaza leur fut remis par le roi de Jérusalem Baudouin III (1143-1162).

L'ordre du Temple impressionne les souverains latins (et aussi les émirs musulmans !) avec son armée disciplinée, fort bien organisée (les rôles de tout un chacun

Le roi de Jérusalem en campagne.
© The British Library, Londres.

LES TEMPLIERS EN ORIENT (1120-1291)

sont clairement définis) et disponible en permanence. Elle compte quatre cents à cinq cents chevaliers, plusieurs centaines de sergents et de turcopoles.

De plus, une stratégie efficace a été définie, où la charge de la cavalerie lourde des chevaliers est déterminante. Enfin, les frères du Temple sont animés d'une foi et d'un courage à toute épreuve, comme le soulignent les chroniqueurs : « *Les templiers, les premiers à attaquer, les derniers à se replier.* »

On comprend mieux pourquoi l'Ordre devint le gardien d'un grand nombre de forteresses en Terre sainte et le garant du système défensif des États latins. Occupant une place essentielle au point de vue militaire, il s'impliquera de plus en plus dans le jeu politique (fort complexe), pour apparaître au XIIIe siècle comme le véritable maître de ces États.

Les Templiers au combat (XIIe siècle)

Après avoir assuré essentiellement des missions de protection des pèlerins, dans les premières années de son existence, le Temple s'implique dans la défense des États chrétiens, dès la deuxième croisade (1147-1148) car leur existence même est menacée par l'apparition d'un ennemi redoutable : Nur al-Din.

Fils du prestigieux émir Zengi (assassiné le 15 septembre 1146), Nur al-Din prône l'idéologie du « jihad » (« guerre sainte »), contre les Francs, avec pour objectif de

L'assaut d'une ville ennemie par les Francs. Miniature in « Roman de Godefroy de Bouillon et Saladin », XIXe siècle.
Bibliothèque nationale de France.

LES TEMPLIERS

Conseil des souverains chrétiens à Saint-Jean-d'Acre, avant l'attaque de Damas. Miniature in « Histoire d'outremer » de Guillaume de Tyr, XIIIe siècle.

Ph. D. Nicole, bibliothèque municipale de Lyon.

réaliser l'unité du monde musulman. C'est le plus grand danger guettant les États latins. En effet, jusqu'à cette époque, l'Orient musulman est très divisé ; au nord, la Syrie est partagée entre trois émirats : ceux d'Alep et Mossoul qui appartiennent aux fils de Zengi, celui de Damas, dirigé par Unur, qui tente de préserver son indépendance en pratiquant un subtil jeu d'alliance avec les « Latins ».

Au sud, l'Égypte fatimide contrôle la place forte d'Ascalon, menace permanente sur le royaume de Jérusalem.

Les Templiers et le siège de Damas (juillet 1148)

Débarquant à Antioche, en avril 1148, le roi de France Louis VII se voit proposer par le prince Raymond de Poitiers l'attaque d'Alep, prestigieuse cité aux mains de Nur al-Din.

Les Templiers en Orient (1120-1291)

Combat entre les armées chrétiennes et musulmanes. Miniature in « Roman de Godefroy de Bouillon et de Saladin », XIVe siècle.
Bibliothèque nationale de France.

À la tête de troupes considérablement affaiblies par les pertes subies lors de la traversée de l'Asie Mineure, Louis VII réfute ce projet ambitieux et préfère gagner Jérusalem, afin de se rendre sur le tombeau du Christ... et d'éloigner son épouse, Aliénor d'Aquitaine, du prince d'Antioche... au charme duquel elle n'est point insensible !

Qui a décidé d'attaquer l'émir de Damas, l'allié des « Latins » ? Il semble que ce soit le jeune roi de Jérusalem, Baudouin III, soutenu par Louis VII, qui avait promis la ville au comte de Flandre, Philippe d'Alsace. En conflit avec sa mère, la reine Mélisende, Baudouin III veut une grande victoire qui lui permettrait d'asseoir son autorité, largement contestée. Or, le Maître du Temple, Robert de Craon, soutient son initiative, contre l'avis du sénéchal, André de Montbard, qui, lui, prend le parti de la reine.

Au mois de juillet 1148, Templiers, Hospitaliers et croisés (français et allemands) attaquent Damas. Au nom de la solidarité musulmane, Nur al-Din vole au secours de son rival Unur. À la fin du mois, les chrétiens lèvent le siège, peut-être encouragés par l'émir de Damas, qui se méfie terriblement du fils de Zengi.

Cependant, un coup très dur a été porté à l'alliance Damas-Jérusalem.

Conrad III, l'empereur d'Allemagne, rembarque en septembre 1148, Louis VII, au printemps 1149. Les États latins se retrouvent seuls, face au redoutable Nur al-Din, dont la menace se fait de plus en plus pressante, quand il s'empare de la majeure partie du territoire de la principauté d'Antioche, au printemps 1149, à la suite de victoires sur Raymond de Poitiers.

Les Templiers et le siège d'Ascalon (16 août 1153)

À la mort de Robert de Craon, en janvier 1149, lui succède à la tête du Temple Évrard des Barres, le héros des montagnes de Cadmos. Il ne restera que trois ans en Terre sainte, préférant résilier sa charge pour aller revêtir le manteau blanc des Cisterciens, à l'abbaye de Cîteaux.

Le nouveau Maître, Bernard de Trémelay, va s'illustrer dans ce qui est devenu « l'affaire d'Ascalon ». Voulant effacer l'échec de Damas, Baudouin III décide d'attaquer Ascalon, place forte menaçante pour le royaume de Jérusalem. Ayant trouvé de fidèles alliés en ses amis, les Templiers, il leur confie, tout d'abord, la garde du château de Gaza, proche d'Ascalon.

Le 16 août 1153, c'est l'assaut final de la cité aux mains des Égyptiens, à l'issue d'un siège long et pénible : quarante frères du Temple y pénètrent derrière leur Maître, Bernard de Trémelay. Selon le chroniqueur Guillaume de Tyr, ils interdisent aux autres combattants de les suivre dans la ville conquise, afin de s'emparer, seuls, du fabuleux butin escompté.

Vérité ou mensonge (Guillaume de Tyr est en effet défavorable aux Templiers) ? En tout cas, les défenseurs d'Ascalon se reprennent et massacrent tous les Templiers (y compris le Maître), dont ils suspendent les cadavres aux remparts.

Plutôt que l'appât du gain, ne faut-il point voir dans l'attitude de Bernard de Trémelay l'espoir de réaliser un haut fait d'armes,

LA CHAPELLE TEMPLIÈRE DE CRESSAC

La chapelle templière de Cressac (près d'Angoulême) possède un ensemble rare et précieux de fresques du XIIe siècle, décrivant des scènes de combat entre croisés et musulmans. Elles illustrent la bataille de la Bocquée, en 1163, au cours de laquelle Nur al-Din fut vaincu par Hugues VIII de Lésignan.
Grâce aux armoiries représentées, on y reconnaît le comte d'Angoulême, Guillaume IV Taillefer et plusieurs seigneurs de la région. Sur la scène du bas, on découvre des Templiers mettant en déroute les musulmans, tandis qu'à l'extrémité de la fresque, un Sarrasin sonne (désespérément) le rappel. Ph. Y. Boëlle.

Les Templiers en Orient (1120-1291)

à même de conforter sa position au sein de la hiérarchie templière ? En effet, André de Montbard, le sénéchal, aurait dû succéder à Évrard des Barres, mais il semblait trop lié au parti de la reine Mélisende. Pour garder la faveur royale, les électeurs du Temple lui préférèrent Bernard de Trémelay.

Tout s'arrangera finalement : Ascalon tombe le 22 août 1153 et André de Montbard est élu Maître du Temple, après être rentré en grâce auprès du roi de Jérusalem, Baudouin III. Il est vrai que l'union chez les « Latins » se fait indispensable, face à l'ennemi, Nur al-Din, surtout lorsqu'il s'empare de Damas en 1155. Il est désormais le maître incontesté de la Syrie, mais son rêve est bien d'imposer l'islam sunnite dans tout l'Orient.

La défense des États francs repose désormais sur les ordres militaires, Templiers et Hospitaliers, occupant de nombreuses forteresses, prêts à défendre, jusqu'à la mort, l'étendard de la chrétienté.

Les Templiers et les campagnes militaires en Orient (1163-1187)

L'Égypte (1163-1168)

La Syrie étant unifiée, tous les regards se tournent vers l'Égypte, où le vizir Shawar tente de maintenir ses alliances, en équilibre, entre le roi de Jérusalem, Amaury Ier (1162-1174) et le maître de la Syrie, Nur al-Din. Ce dernier délègue auprès du vizir deux lieutenants de valeur : Saladin et Shirkuh.

Le patriache de Jérusalem scelle l'union royale. Miniature.
Bibliothèque nationale de France.

LES TEMPLIERS
EN ORIENT (1120-1291)

L'enjeu est de taille : si Nur al-Din s'empare de l'Égypte, réussissant ainsi l'unité de l'Orient, sous l'emblème du croissant, l'existence même des États latins est remise en cause.

En 1167, un traité favorable au roi de Jérusalem est négocié avec le vizir par Hugues de Césarée et le templier Geoffroy Fouchier : un tribut de cent mille pièces d'or doit être versé ; un gouverneur et une garnison franques resteront au Caire pour veiller à la levée du tribut. L'Égypte devient une sorte de protectorat.

En 1168, sous l'influence de l'empereur de Byzance et du « parti de la guerre », qui s'est constitué à Jérusalem (soutenu vigoureusement par le Grand Maître de l'Hôpital, Gilbert d'Assailly), c'est le projet de conquête totale de l'Égypte qui se met en place.

Redoutant l'intervention de Nur al-Din, au nom de la solidarité islamique, le Maître du Temple, Bertrand de Blanquefort s'oppose à cette initiative, comme le souligne le chroniqueur Guillaume de Tyr : *« Le Maître du Temple et les autres frères ne voulurent point se mêler de cette affaire et dirent qu'en cette guerre, ils ne suivraient pas le roi. »*

Shawar se rapproche de Nur al-Din qui vient à son secours, lorsque les « Latins » assiègent Le Caire. Les troupes de ses lieutenants Shirkuh et Saladin battent celles des Francs, qui doivent abandonner l'Égypte.

En janvier 1169, Saladin entre triomphalement au Caire et prend la place du vizir Shawar, après l'avoir fait assassiner. En théorie, Saladin agit pour le compte de son oncle, Nur al-Din, mais en réalité, il installe son propre pouvoir, prenant le titre de « Malik » (roi).

Portrait de Saladin (1137-1193), Malik (roi) d'Égypte en 1169, puis unificateur de l'Orient musulman. Adversaire farouche des Francs, il haïssait les Templiers, auxquels il réservait un sort cruel, en cas de victoire.
Ph. Bridgeman-Giraudon.
The British Library, Londres.

63

Les États latins, les Templiers et… Saladin (1174-1187)

1174 est une année charnière : à la mort de Nur al-Din, le 15 mai, Saladin, désormais maître de l'Égypte, conquiert Damas et la plus grande partie de la Syrie (excepté la ville d'Alep et sa région). Il lui faudra neuf années pour enfin réaliser l'unité de l'Orient musulman sous son autorité et treize ans de combats incessants contre les armées chrétiennes (où se distinguent les Templiers), avant la grande victoire d'Hattin.

Cette même année 1174, dans le royaume de Jérusalem, un jeune roi de treize ans, Baudouin IV, déjà atteint de cette terrible maladie qu'est la lèpre, succède à son père Amaury Ier. Le courageux « roi lépreux » tente de résister aux desseins de Saladin. En 1177, à Montgisard, il remporte une brillante victoire sur l'ennemi, à la tête de cinq cents chevaliers, soutenus par quatre-vingts Templiers, accourus, à marche forcée, depuis leur forteresse de Gaza. Ils mettent en fuite les trente mille mamelouks de Saladin !

En 1179, par contre, c'est la défaite de Margeleon : la charge de la cavalerie lourde templière, ordonnée par leur Maître, Eudes de Saint-Amand, avait pourtant auguré du succès, mais Saladin se reprit et décida une contre-offensive victorieuse.

En 1180, la trêve décidée entre Baudouin IV et son ennemi est assurément la bienvenue, d'autant que la maladie affaiblit, de jour en jour, le roi de Jérusalem, jusqu'à sa mort en 1185.

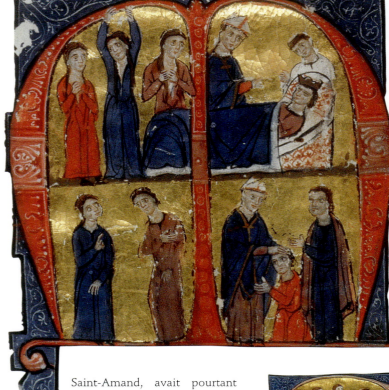

A la mort d'Amary Ier, roi de Jérusalem (scène du haut), le jeune « roi lépreux » Baudouin IV est couronné en l'église du Saint-Sépulcre (scène du bas à droite).
Miniature in « Histoire d'outremer » de Guillaume de Tyr, XIIIe siècle.
Bibliothèque nationale de France.

Bataille de Montgisard, en 1177, la plus belle victoire des Francs, remportée par Baudouin IV sur Saladin. Miniature in « Passages faits outremer » de Sébastien Mamerot, XVe siècle.
Bibliothèque nationale de France.

Les Templiers en Orient (1120-1291)

Gérard de Ridefort, funeste Maître du Temple (1185-1187)

D'origine flamande, cet aventurier mène une vie d'intrigues en Terre sainte, avant d'entrer dans l'Ordre et d'y connaître une ascension fulgurante : sénéchal en 1183, il est élu Maître de l'Ordre, début 1185, à la mort du tenant de la charge, Arnaud de Toroja.

Gérard de Ridefort prend une part essentielle dans la réussite du « parti Lusignan », opposé à celui de Raymond de Tripoli, pour la succession au trône de Jérusalem. Le 20 juillet 1186, Guy de Lusignan et son épouse Sibylle (sœur de Baudouin IV) sont couronnés au Saint-Sépulcre.

L'armée et les forteresses templières leur permettront-ils de résister aux assauts de Saladin… qui trouve un allié, en la personne de Raymond de Tripoli, réfugié à Tibériade ? Le 1er mai 1187, Gérard de Ridefort et ses cent quarante Templiers subissent une cuisante défaite au Casal Robert. Il est vrai que le Maître avait décidé du combat en dépit d'une criante infériorité numérique (cent quarante chevaliers contre les sept mille mamelouks de Saladin) qui aurait dû lui conseiller la prudence. Excepté le Maître, tous les Templiers y trouvent la mort. Cette défaite en annonce une autre, bien plus catastrophique !

Hâttin (4 juillet 1187)

Fort d'une immense armée de soixante mille hommes, Saladin commence le siège de Tibériade, le 2 juillet, à la suite de la réconciliation (momentanée) de Raymond III de Tripoli et de Guy de Lusignan, obtenue sous la pression des Maîtres de l'Hôpital et du Temple. C'est précisément sur les conseils de ce dernier que le roi de Jérusalem, Guy de Lusignan, rassemble les troupes disponibles pour aller défier l'ennemi.

Le 3 juillet, sous un soleil de plomb, la lourde armée franque s'engage dans le désert, harcelée en permanence par les

L'armée de Saladin. Miniature in « Roman de Godefroy de Bouillon et Saladin », XIVe siècle. Bibliothèque nationale de France.

La bataille d'Hâttin. Miniature in « Passages faits outremer » de Sébastien Mamerot, XVe siècle. Bibliothèque nationale de France.

archers musulmans. Les Templiers assurent l'arrière-garde de cette colonne où, tous, hommes et chevaux, « meurent de soif ». On se dirige donc vers les « Cornes de Hattin », où se situe un unique point d'eau.

Au petit matin du 4 juillet, l'armée de Saladin encercle celle des Francs qui tente désespérément de se réfugier sur les hauteurs de Hattin. Le roi de Jérusalem, Guy de Lusignan, est fait prisonnier ainsi que ses quinze mille hommes. Mais plus qu'aux combattants à pied qui vont être vendus comme esclaves, c'est aux chevaliers des Ordres que Saladin réserve sa haine implacable : il fait exécuter tous les Hospitaliers et Templiers capturés… à l'exception du Maître de ces derniers, Gérard de Ridefort.

Saladin à Jérusalem : 2 octobre 1187

L'armée franque qui regroupait l'essentiel des troupes disponibles en Terre sainte ayant été vaincue à Hattin, Saladin n'a aucun mal à conquérir de nombreuses cités et places fortes dépourvues de défenseurs. Ainsi s'empare-t-il de Saint-Jean-d'Acre le 9 juillet 1187. Mais il tient à prendre Jérusalem, la capitale du royaume le plus important des chrétiens. La cité se livre le 2 octobre 1187. Chaque habitant peut être racheté : dix besants d'or par homme, cinq par femme. Le Saint-Sépulcre est fermé, le temple de Salomon redevient la mosquée Al-Aqsa.

LES TEMPLIERS EN ORIENT (1120-1291)

Réfugiés à Tyr, les Francs résistent au siège de la ville entrepris par Saladin en octobre. Ce dernier lève le siège à la fin de l'année et fait libérer Guy de Lusignan et Gérard de Ridefort… rallumant la rancœur dans le camp des « Latins ».

LES TEMPLIERS EN ORIENT AU XIIIe SIÈCLE : LES VRAIS MAÎTRES DES ÉTATS LATINS ?

À la suite des victoires de Saladin, les royaumes latins se réduisent à une étroite bande littorale. Les puissantes cités d'Antioche et de Tripoli sont isolées, le royaume de Jérusalem se résume tout entier en la place forte de Tyr. Et pourtant, les apparences de souveraineté se maintiennent : des querelles de succession très vives se font jour, accentuant la désunion dans le camp chrétien, qui aurait bien besoin pourtant de son unité, face à l'adversaire musulman.

Les Templiers sont appelés à jouer un rôle majeur dans le règlement de ces crises dynastiques.

Le Temple et les querelles de succession

Elles sont incessantes, que ce soit dans la principauté d'Antioche ou dans le royaume de Jérusalem qui mérite un développement particulier. Guy de Lusignan avait été couronné roi, au Saint-Sépulcre, le 20 juillet 1186. Conrad de Montferrat (dont l'épouse est la sœur cadette de la

Saladin fait enchaîner les Francs prisonniers, avant de les pendre. Miniature in « Roman de Godefroy de Bouillon et Saladin », XIVe siècle. Bibliothèque nationale de France.

femme de Guy de Lusignan), le glorieux défenseur de Tyr, conteste sa légitimité, le rendant responsable du désastre d'Hattin.

Les ordres militaires sont appelés à prendre parti : le Temple reste fidèle à Guy de Lusignan, tandis que l'Hôpital penche plutôt pour Conrad de Montferrat. Unis dans le combat contre « l'infidèle », les ordres vont s'opposer, de plus en plus ouvertement, au niveau politique.

Soucieux de « redorer son blason » et de faire oublier Hattin, Guy de Lusignan met le siège devant Acre, au cours de l'été 1189. Les divisions chez les Francs, partagés entre les deux partis, font qu'il va durer deux longues années.

La querelle dynastique ne sera réglée qu'en 1192 : Guy de Lusignan se voit attribuer l'île de Chypre, conquise par le roi d'Angleterre, Richard Cœur de Lion, avant de rejoindre les Francs au siège d'Acre. Conrad de Montferrat devient roi de Jérusalem… avant d'être assassiné cette même année 1192 !

Templiers et Hospitaliers interviennent à nouveau, dans la désignation du successeur, en donnant leur accord au remariage d'Isabelle, veuve de Conrad, avec Henri de Champagne. À la mort de ce dernier, en 1197, les ordres s'opposent aux prétentions de Raoul de Tibériade et, sur leurs « conseils », Isabelle épouse Amaury de Lusignan, frère de Guy.

Les Templiers et Charles d'Anjou

Une crise de succession, fort complexe, éclate à la mort du dernier roi de Jérusalem, Conradin, en 1268. Charles Ier d'Anjou, frère du roi de France Louis IX, achète les droits de la couronne à Marie d'Antioche, en 1277. Il est vivement soutenu par Guillaume de Beaujeu, Maître du Temple (depuis son élection en 1273), face aux autres prétendants, les Lusignan de Chypre.

Que de vaines querelles, que d'acharnement pour un titre devenu totalement honorifique, depuis la prise de la Ville sainte, le 23 août 1244, par les Turcs, pour le compte du sultan du Caire !

Les Templiers, héroïques défenseurs de la Terre sainte

Fortement hiérarchisé, parfaitement organisé (la Palestine est « quadrillée » par les forteresses et maisons templières), remarquablement discipliné, l'ordre du Temple et ses chevaliers s'imposent, au XIIIe siècle, comme la principale puissance militaire face à l'ennemi.

Les Templiers ont payé un lourd tribut à Hattin, suppliciés, après d'horribles tortures, par les hommes de Saladin. On les retrouve pourtant à la pointe des combats, assurant l'avant-garde ou l'arrière-garde des armées chrétiennes, lors des croisades qui se sont succédé, en Palestine, au XIIIe siècle.

Richard Ier Cœur de Lion, roi d'Angleterre, représenté en Croisé.
Tableau de M. J. Blondel.
Musée du château, Versailles.
© Ph. RMN, G. Blot.

LES TEMPLIERS EN ORIENT (1120-1291)

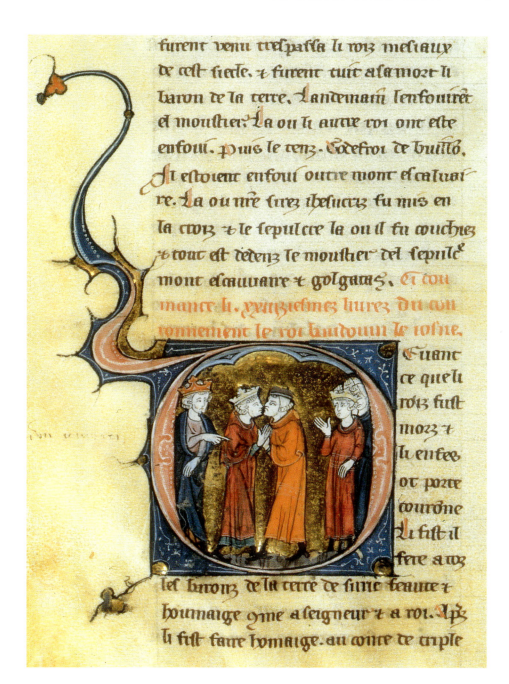

Les barons francs (les « poulains », seigneurs nés en Palestine) prêtent serment à Raymond III de Tripoli, à la demande du roi de Jérusalem, Baudouin IV, agonisant, pour assurer la protection du petit Baudouin V pendant sa minorité. Miniature in « Histoire d'outremer » de Guillaume de Tyr, XIIIe siècle.
Bibliothèque nationale de France.

Participation au siège de Saint-Jean-d'Acre (1189-1191) et à la troisième croisade (1189-1192)

Les frères du Temple participent activement au siège de Saint-Jean-d'Acre, entrepris au cours de l'été 1189, à l'initiative de Guy de Lusignan. Leur Maître, Gérard de Ridefort, y trouve la mort le 4 octobre 1189.

La troisième croisade se veut la réponse de l'Occident chrétien à l'offensive victorieuse de Saladin. Répondant à l'appel du pape, Philippe Auguste, roi de France, et

69

LES TEMPLIERS

LES TEMPLIERS S'OPPOSENT AU ROI DE FRANCE PHILIPPE AUGUSTE

Symbole éclatant de l'orgueilleux souci des chevaliers du Temple de défendre leurs biens, l'incident qui éclate à Saint-Jean-d'Acre, au lendemain de la prise de la cité, le 12 juillet 1191. Le roi de France, Philippe Auguste, veut s'installer dans la maison du Temple de la ville. Par la voix de leur Maître, Robert de Sablé, les frères du Temple protestent avec la plus grande énergie, voulant ainsi signifier à ce roi, comme aux autres têtes couronnées, qu'ils entendent bien rester maîtres chez eux.

Richard Cœur de Lion, roi d'Angleterre, prennent la croix. Leurs troupes accourent à l'aide des Francs, bloqués au pied de la place forte de Saint-Jean-d'Acre. Finalement, la ville tombe le 12 juillet 1191.

Philippe Auguste regagne aussitôt la France, laissant Richard Cœur de Lion seul face à Saladin. Le Temple n'avait plus de Maître, depuis la mort de Gérard de Ridefort. C'est Robert de Sablé, l'un des vassaux du roi d'Angleterre, qui est élu à la tête de l'Ordre, sans doute au début de cette année 1191. Il va avoir bientôt l'occasion de se mettre en valeur, lors de l'affaire qui oppose le Temple au roi de France.

Les Templiers apportent leur concours et leurs troupes aguerries, habituées à combattre les musulmans, à la puissante armée de Richard Cœur de Lion qui inflige deux défaites à Saladin : Arsuf, le 14 septembre 1191, Jaffa, en août 1192. Cependant, ne pouvant s'éloigner de la mer et des villes côtières pour cause de ravitaillement, le roi d'Angleterre hésite à attaquer Jérusalem et interrompt sa marche victorieuse, à quelque vingt kilomètres de la Ville sainte. Le 2 septembre 1192, il conclut avec Saladin une trêve de trois ans : les chrétiens se voient garantir la liberté de pèlerinage à Jérusalem et concéder une bande côtière, de Tyr à Jaffa.

Les Templiers
en Orient (1120-1291)

Ces trois miniatures illustrent les armées chrétiennes au combat contre les Sarrasins. Disposant de montures lourdement harnachées, portant des armures et cotes de mailles inadaptées aux conditions de vie en Palestine (où la chaleur se fait souvent cruellement ressentir), les Francs auront bien du mal à s'opposer aux armées musulmanes, légères et mobiles.
© The British Library, Londres.

La troisième croisade se solde finalement par un bilan positif pour la chrétienté, puisqu'elle a réussi à éviter le pire, la victoire totale de Saladin en Orient. Elle a prouvé également la valeur militaire des armées venues d'Occident.

Sous la conduite de leurs Maîtres, Robert de Sablé (1191-1193), Gilbert Eraïl (1194-1200), Philippe de Plessis (1201-1209) et Guillaume de Chartres (1210-1219), les Templiers fortifient leurs positions à Saint-Jean-d'Acre et Césarée et, à partir de 1217, entreprennent la construction d'une formidable forteresse, Château-Pèlerin (aujourd'hui Athlit).

Les Templiers et la cinquième croisade (1217-1221)

Proclamée par le pape Honorius III, celle-ci est menée par Jean de Brienne, roi de Jérusalem, et André II de Hongrie. Les croisés veulent couper l'Égypte de la Palestine, espérant ainsi contraindre le sultan d'Égypte à échanger Jérusalem, contre Damiette, cité devant laquelle la flotte des croisés débarque en mai 1218.

Le siège est difficile et la mésentente règne dans les armées chrétiennes qui reçoivent heureusement le secours des Templiers, sous la conduite de leur Maître,

LES TEMPLIERS EN ORIENT (1120-1291)

Guillaume de Chartres. Celui-ci trouve d'ailleurs la mort lors des combats, qui ne prennent fin qu'en novembre 1219, lorsque la ville est enfin prise.

Le légat du pape, le cardinal Pelage, entre alors en conflit avec le roi de Jérusalem, Jean de Brienne, qui veut négocier avec le sultan d'Égypte. Le légat, qui se considère comme le vrai chef de cette expédition, veut la victoire totale. Mais l'armée chrétienne reste inactive pendant un an et demi et ne prend le chemin du Caire qu'en juillet 1221. Elle se voit bientôt encerclée par celle du sultan d'Égypte, qui impose ses conditions à Jean de Brienne, au mois d'août 1121 : les croisés sont autorisés à se retirer de l'Égypte, après avoir restitué Damiette.

Les Templiers et la sixième croisade (1228-1229)

Celle-ci est menée par l'empereur germanique, Frédéric II, dans des conditions pour le moins particulières. En effet, Frédéric II de Hohenstaufen a épousé, en 1123, Isabelle, fille du roi de Jérusalem, Jean de Brienne. Celle-ci meurt trois ans après avoir mis au monde un fils, Conrad, qui devient l'héritier légitime de la couronne. Or, Frédéric II usurpe les droits de son fils et se fait excommunier par le pape. Faisant fi de ces considérations, il débarque à Saint-Jean-d'Acre, à la fin de l'année 1228, et négocie, sans plus attendre, avec le sultan d'Égypte Al-Kamil.

Par le traité de Jaffa (11 février 1129), il obtient la restitution de Bethléem, Nazareth et surtout de Jérusalem, à condition de laisser aux musulmans leurs mosquées, Omar et Al-Aqsa. Les Templiers sont furieux : non seulement ils jugent Jérusalem indéfendable, mais de plus le traité ne prévoit point la restitution à l'Ordre de son ancien « quartier du Temple ». Par ailleurs, Frédéric II favorise largement un nouvel ordre militaire, tout à sa dévotion, les chevaliers Teutoniques.

Templiers et Hospitaliers manifestent ouvertement leur hostilité, en s'abstenant de paraître au couronnement « sacrilège » de Frédéric II, au Saint-Sépulcre, le 18 mars 1229. Le nouveau roi de Jérusalem s'en prend à l'ordre du Temple, en s'emparant, momentanément de leur forteresse de Château-Pèlerin, mais les frères du Temple l'en chassent sans difficulté. Il s'attaque alors au château templier de Saint-Jean-d'Acre… qu'il doit évacuer très vite, face aux habitants outrés de son comportement.

La septième croisade (1248-1254)

Elle a pour origine la perte « retentissante » de Jérusalem, le 23 août 1244, malgré

Page de gauche :
Le peloton des étendards de la garde du khalife. Cette illustration est extraite d'un manuscrit arabe de l'école de Bagdad, daté de 1237, conservé à la Bibliothèque nationale de France. © Collection Viollet.

73

la résistance héroïque des Templiers (sur les trois cent quarante-huit frères engagés dans le combat, seuls trente-six survécurent !). Les Turcs vainqueurs agissent pour le compte du sultan d'Égypte.

Le 27 octobre 1244, c'est une nouvelle défaite des Francs, à la Forbie, près de Gaza. Ici encore, les Templiers paient un lourd tribut : la mort de leur Maître, Armand de Périgord, et celle de trois cent douze chevaliers.

En décembre 1244, le roi de France, Louis IX, décide de prendre la croix. Au cours de l'été 1245, au concile de Lyon, le pape Innocent IV appelle à la « guerre sainte », la croisade.

Après avoir fait escale à Chypre, au cours de l'hiver 1248-1249, la flotte royale appareille le 30 mai 1249 et débarque à Damiette le 6 juin… provoquant la fuite des Sarrasins ! Mais Louis IX ne profite pas de cette victoire initiale pour marcher sur Le Caire. Bien plus grave, Robert d'Artois, frère du roi, décide d'attaquer la forteresse de Mansourah, difficile d'accès dans le delta du Nil. Les Templiers, à l'avant-garde, subissent les assauts incessants des Turcs, comme le rapporte le sire de Joinville dans son récit, « Le Livre des saintes paroles et des bons faits du roi Louis IX » : *« Le jour de la Saint-Nicolas, le roi commanda qu'on se préparât à chevaucher, et défendit que nul ne fût si hardi que de faire une pointe sur ces Sarrasins qui étaient venus. Or il advint que quand l'armée s'ébranla pour chevaucher, et que les Turcs virent qu'on ne ferait pas de pointe sur eux, et surent par leurs espions que le roi l'avait défendu, ils s'enhardirent et attaquèrent les Templiers, qui formaient le premier corps ; et l'un des Turcs renversa un des chevaliers du Temple à terre, juste devant les pieds du cheval de frère Renaud de Vichiers, qui était alors maréchal du Temple. »*

Page de droite :
Débarquement de Saint Louis à Damiette en Egypte. Tableau de Rouget, XIXᵉ siècle.
Musée du château, Versailles
© Ph. RMN.

La prise de Damiette (1249). Miniature in « La vie de Saint Louis », par le sire Jean de Joinville. XIVᵉ siècle.
Bibliothèque nationale de France.

Saint Louis est fait prisonnier en Egypte (1250). Miniature in « Roman de Godefroy de Bouillon et Saladin », XIVe siècle.
Bibliothèque nationale de France.

« Quand il vit cela, il cria aux autres frères : "Or à eux, de par Dieu ! car je ne le pourrais plus souffrir." Il piqua des éperons, et toute l'armée aussi : les chevaux de nos gens étaient frais, et les chevaux des Turcs étaient déjà fatigués ; d'où j'ai ouï rapporter que nul n'y avait échappé, et que tous y périrent… »

Malgré ce haut fait d'armes des Templiers, l'expédition court au désastre, marquée bientôt par la mort de Robert d'Artois et de celle de Guillaume de Sonnac, ainsi relatée par Joinville : « *Après le corps de monseigneur Gautier, était frère Guillaume de Sonnac, maître du Temple, avec ce peu de frères qui lui étaient demeurés de la bataille du mardi. Il avait fait faire une défense en face de lui avec les engins des Sarrasins que nous avions pris. Quand les Sarrasins le vinrent assaillir, ils jetèrent le feu grégeois sur le retranchement qu'il avait fait faire ; et le feu y prit facilement, car les Templiers y avaient fait mettre une grande quantité de planches de sapin. Et sachez que les Turcs n'attendirent pas que le feu fût tout brûlé, mais qu'ils allèrent courir sus aux Templiers parmi le feu ardent.*

« *Et à cette bataille, frère Guillaume, le Maître du Temple, perdit un œil ; et l'autre il l'avait perdu le jour de carême-prenant ; et il en mourut ledit seigneur, que Dieu absolve ! »*

Tandis que le typhus et la dysenterie font des ravages dans les rangs des croisés, Saint Louis bat en retraite sur Damiette, attaqué, en permanence, par les Turcs. Le 6 avril 1250, il doit capituler et se constituer prisonnier. Le sultan (« le soudan ») d'Égypte exige une énorme rançon de un million de besants d'or (équivalent à cinq cent mille livres), ainsi que la livraison des forteresses templières et hospitalières, comme le révèle Joinville : « *Les conseillers du soudan éprouvèrent le roi de la manière qu'ils nous avaient éprouvés, pour voir si le roi leur voudrait promettre de livrer aucun des châteaux du Temple ou de l'Hôpital, ou aucun des châteaux des barons du pays ; et ainsi que Dieu le voulut, le roi leur répondit tout à fait de*

LES TEMPLIERS EN ORIENT (1120-1291)

la manière que nous avions répondu. Et ils le menacèrent, et lui dirent que puisqu'il ne le voulait pas faire, ils le feraient mettre dans les bernicles...

« *Le roi dit et promit aux émirs qu'il payerait volontiers les cinq cent mille livres pour la délivrance de ses gens et Damiette, pour la délivrance de sa personne...* »

Saint Louis sera finalement libéré après paiement de la rançon, dont une partie fut versée par le Temple, dans des conditions très particulières (voir page 85).

Louis IX tentera, pendant les quatre années de son séjour en Terre sainte, de 1250 à 1254, de ranimer l'entente au sein des possessions franques, en réorganisant la défense du royaume d'Acre et en imposant l'autorité royale, face aux velléités « d'indépendance » du Temple. Ainsi, le nouveau Maître, Renaud de Vichiers, avait-il délégué à Damas le maréchal Hugues de Jouy, pour passer un accord avec le sultan, à propos d'une « *grande terre que le Temple avait coutume de tenir, en sorte que le soudan voulût bien que le Temple en eût la moitié et lui l'autre* ».

Louis IX est furieux que le Maître ait pris une telle initiative et affirme à ce dernier « *qu'il était bien hardi d'avoir conclu ou négocié une convention avec le soudan, sans lui en parler...* ». La punition se veut exemplaire ; le Maître et les chevaliers doivent traverser le camp, pieds nus, avant de devoir s'agenouiller pour entendre la sentence : l'annulation de l'accord passé avec le sultan et l'exil pour le maréchal Hugues de Jouy : « *Le roi dit au Maître qu'il se levât et qu'il fît lever tous ses frères ; et ainsi fit-il. "Or, agenouillez-vous, et me faites réparation de ce que vous y êtes allés contre ma volonté."*

« *Le Maître s'agenouilla, et tendit le bout de son manteau au roi, et abandonna au roi tout ce qu'ils avaient, pour y prendre sa réparation telle qu'il la voudrait régler. Et je dis, fit le roi, tout d'abord, que frère Hugues, qui a fait les conventions, soit banni de tout le royaume de Jérusalem...* »

La fin de l'ordre du Temple dans l'Orient latin

Le départ du roi de France Louis IX, en avril 1254, est suivi du retour des querelles incessantes, au cours des années suivantes... ce dont profite le sultan d'Égypte Baïbars : de 1265 à 1271, il entreprend la conquête des cités encore aux mains des Francs, ainsi que les forteresses templières ou hospitalières. Le 27 février 1265, il prend Césarée ; le 22 juillet 1266, c'est le château fort templier de Safed qui tombe, avant que celui de Beaufort ne connaisse le même sort, le 15 avril 1268. Entre-temps, Jaffa a été prise le 7 mars 1268.

En 1271, le sultan s'empare du formidable Krak des Chevaliers, défendu par les Hospitaliers. L'ultime offensive sera menée par ses successeurs, Qalâwun, qui conquiert Tripoli en mai 1289, et Al-Ashraf, qui entreprend le siège de la dernière place forte, Saint-Jean-d'Acre, en avril 1291.

Les chevaliers du Temple et de l'Hôpital, qui se sont entre-déchirés au cours des précédentes décennies, unissent enfin leurs forces, sous la conduite de leurs Maîtres : Guillaume de Beaujeu, pour les premiers, Jean de Villiers pour les seconds. Le Maître du Temple est grièvement blessé, lors d'une contre-offensive des ordres, le 17 mai 1291 et meurt le lendemain.

Les Templiers défendent avec une énergie farouche leur maison chèvetaine, dans le quartier du Temple, jusqu'à ce que les tours s'écroulent, ensevelissant, pêle-mêle, assaillants et défenseurs. Le 28 mai, les mameluks s'emparent de la citadelle. Saint-Jean-d'Acre est tombée, malgré la vaillance des Templiers. Ceux qui ont pu se réfugier à Château-Pèlerin évacueront, avec les défenseurs, cette ultime possession de l'Ordre, le 12 août 1291, pour rejoindre Chypre.

L'ordre du Temple a cessé d'exister en Terre sainte !

C'est aussi la dernière ligne de l'histoire tourmentée des États latins d'Orient.

Pages suivantes :
Les ultimes batailles en Terre sainte donnent lieu à de farouches combats.
Peinture de Claudius Jacquand, XIXe siècle.
Musée du château, Versailles.
© Ph. RMN, G. Blot / R.G. Oje.

Page de gauche :
« La complainte d'amour »,
in « Roman de Fauvel »,
dans lequel les Templiers
sont vivement critiqués
par l'Eglise. Manuscrit
du XIVe siècle.

Bibliothèque nationale de France.

Les Templiers au XIIIe siècle : une puissance qui suscite bien des conflits

« *Li frere, li mestre du Temple
qui estoient rempli et ample
d'or et d'argent et de richesse
tozjors achetoient sans vendre.* »

(Les frères, les maîtres du Temple
qui sont amplement pourvus
d'or et d'argent et de richesses
toujours achètent sans vendre.)

Ces quelques lignes, extraites du « Roman de Fauvel », célèbre ouvrage du Moyen Âge, mettent en lumière la mauvaise image des Templiers, telle qu'elle est perçue par une grande partie de l'opinion publique, à la fin du XIIIe siècle : trop riches, trop préoccupés d'acheter toujours plus de terres, de biens… sans jamais en vendre aucun.

Il est vrai, qu'à cette époque, le Temple apparaît comme une puissance économique de premier rang, en Europe. Deux éléments essentiels sont à l'origine de son immense fortune : le réseau très dense de commanderies que l'Ordre a tissé dans de nombreux pays (voir le chapitre III) et les activités financières pratiquées tant en Orient qu'en Occident.

Les Templiers : « banquiers de l'Occident » ?

Bien qu'ils n'aient pas vocation à manipuler l'argent (et pour cause, ne font-ils pas vœu de pauvreté en entrant dans l'Ordre ?), force est de constater que les « Pauvres chevaliers du Christ » des débuts ont exécuté des opérations de banque, sans cesse plus nombreuses : dépôts de fonds, prêts, avances et cautions, portage d'espèces sonnantes et trébuchantes…

Deux historiens ont étudié attentivement les activités financières du Temple : Léopold Delisle, dans son « Mémoire sur les opérations financières des Templiers » (publié en 1889) et Jules Piquet, dans son ouvrage « Des banquiers au Moyen Âge, les Templiers et leurs opérations financières » (1939). Leurs travaux sont toujours d'actualité, en sus des thèses universitaires traitant de ce thème.

Le Temple : banquier des rois de France

Comme l'affirme Léopold Delisle, « *il n'y a aucune exagération à dire que le trésor du Temple a été, pendant tout le XIIIe siècle, la caisse où se centralisent et s'administrent les ressources financières destinées aux croisades et aux différents besoins de la Terre sainte* ».

En effet, dès 1146, Louis VII confie le trésor royal au Temple, lors de son départ pour la deuxième croisade. Cette expédition se révélera fort périlleuse… et coûteuse : le roi de France, se trouvant fort démuni en Terre sainte, devra emprunter aux Templiers la somme de deux mille marcs d'argent… qu'il réclamera ensuite à son conseiller, Suger, « *afin de leur rendre, sans retard* ».

Lors des croisades suivantes, les souverains français feront régulièrement appel au Temple, pour de nombreuses activités financières (outre celle du dépôt du trésor royal) : emprunts, paiements de mandats sur le trésor...

Yves Dossat, maître de recherche au CNRS, dévoile ainsi les opérations bancaires pratiquées, sous le règne de Saint Louis : « *Comment couvrir les dépenses indispensables à la survie de la Terre sainte ? Il fallait éviter dans la mesure du possible les transferts de métaux précieux et de numéraire. Saint Louis, pendant la croisade et son séjour en Orient recourut au moyen qui lui permit de disposer commodément des sommes nécessaires, grâce aux versements faits sur place par les marchands ou banquiers italiens, placentins ou siennois en particulier. Il ne restait plus au roi qu'à tirer des mandats sur le trésor, payables à Paris, au Temple, sur simple présentation par les représentants des sociétés créancières...*

« *Lorsque le roi avait fixé le montant de la somme attribuée à la Terre sainte, la chancellerie rédigeait des lettres mentionnant chacune une somme à emprunter. Le remboursement se faisait au Temple sur présentation de l'acte et de l'attestation de paiement du patriarche. En général, ces documents n'ont pas été conservés dans les archives.*

« *La chancellerie royale prit la précaution d'établir deux exemplaires de chaque acte. Ces dispositions ont été appliquées en 1267. Pour cette année, nous avons un dossier complet. Louis IX mit à la disposition des défenseurs de la Terre sainte la somme de 4 200 livres tournois...* » (« Cahiers de Fanjeaux », n° 18, Éd. Privat, 1983).

Le Temple : banquier de royaumes d'Occident

À l'instar de la France, plusieurs pays firent appel à l'Ordre, et en premier lieu l'Angleterre.

C'est sous le règne d'Henri II (1135-1189) que les Templiers de Londres se voient confier la garde d'une partie du trésor du plus puissant souverain d'Europe : roi d'Angleterre, Henri II est également duc de

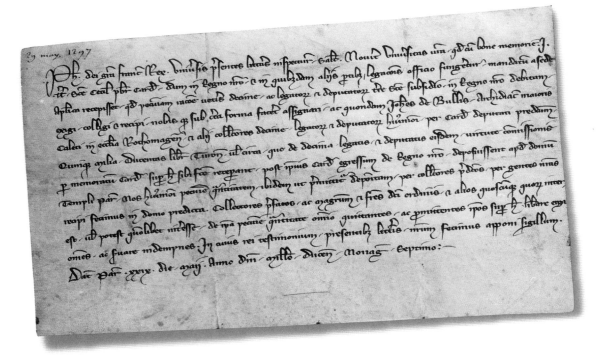

Quittance du Philippe le Bel du 29 mai 1297.
Le Roi reconnaît avoir pris au Temple 5 200 lt. pour financer une croisade et s'engage à répondre de cette somme pour les Templiers.
© Archives nationales.
Ph. B. Jourdes / Edimages.

Les Templiers au XIIIe siècle : une puissance qui suscite bien des conflits

La tour du Temple en 1793. Peinture anonyme, conservée au musée Carnavalet, Paris. L'immense donjon édifié au XIIIe siècle, dans le vaste enclos du Temple, semblait défier le pouvoir des rois de France.

Musée Carnavalet © PMVP / Beithier.

Normandie et d'Aquitaine, comte du Maine et d'Anjou. Celui-ci, comme ses successeurs, fera de l'Ordre un « banquier » privilégié et, outre la garde d'une partie du trésor, lui confiera d'importantes sommes d'argent à faire fructifier. Il lui empruntera également des montants conséquents, nécessaires au financement des croisades. Ainsi Édouard Ier (1272-1307) emprunte-t-il vingt-huit mille livres au Temple de Paris.

Plusieurs « Maîtres du Temple en Angleterre » furent, d'ailleurs, de proches conseillers royaux, comme Richard de Hastings, très écouté d'Henri II.

Les souverains du royaume de Naples et de Sicile (en particulier Charles Ier d'Anjou) et ceux du royaume d'Aragon firent également appel aux Templiers pour les aider à gérer leurs finances.

Le Temple : banquier des particuliers

À l'image de « l'enclos du Temple » de Paris, véritable forteresse quasi imprenable, à l'abri de ses murailles et tours de défense, certaines commanderies ont été le lieu de dépôts d'espèces, de bijoux mis en sûreté par de riches bourgeois ou seigneurs.

D'autre part, dans de nombreuses maisons du Temple ont été pratiquées des opérations financières, à côté des activités principales, agriculture et élevage. Antoine-Régis Carcenac nous en livre quelques exemples, dans sa thèse sur la commanderie de Sainte-Eulalie du Larzac : « *Les dons et redevances en numéraire donnaient à l'Ordre des disponibilités financières importantes. L'esprit pratique des*

Templiers, qui répugnaient à laisser ces sommes improductives, les a ainsi conduits à consentir des prêts qui offraient un double avantage : satisfaire les besoins des emprunteurs potentiels et investir un capital disponible en vue d'une rémunération, avec des garanties à toute épreuve et même l'éventualité d'un accroissement de la fortune immobilière de l'Ordre…

« *Une simple commanderie rurale comme Sainte-Eulalie devait remplir à son échelle, ce rôle de banquier, les seules opérations qui ont laissé des traces dans la documentation étant des prêts avec mort-gage. En quoi consiste cette opération ? Pour garantir le remboursement du prêt, le débiteur transfère au créancier un bien immobilier dont ce dernier a la jouissance et perçoit les revenus qui constituent son intérêt, au*

Aile du château de Sainte-Eulalie-de-Cernon, édifiée en 1648.
Les « cités templières » du Larzac (Sainte-Eulalie, La Cavalerie, La Couvertoirade) possèdent de remarquables vestiges à découvrir, en particulier à l'occasion de visites guidées.
Conservatoire du Larzac.

Les Templiers au XIIIe siècle : une puissance qui suscite bien des conflits

Aile nord de la commanderie de Sainte-Eulalie.
Conservatoire du Larzac.

Sceau du précepteur des Templiers de Provence (1269).
Conservatoire du Larzac.

contraire du vif-gage où les fruits sont imputés sur le capital. Il y a dans tous les cas dépossession du débiteur au bénéfice du créancier…

« Les archives de Sainte-Eulalie contiennent 50 prêts avec gage immobilier… »

Le Temple et les pèlerins

Qu'ils aillent à Jérusalem, Rome, Compostelle ou tout autre sanctuaire un tant soit peu réputé (Rocamadour, Saint-Gilles…), les pèlerins redoutaient d'être détroussés par les « bandits de grands chemins », aussi prirent-ils l'habitude de confier leur argent à l'une des maisons du Temple, qui leur délivrait alors une « attestation de crédit » à hauteur des sommes reçues. Celles-ci étaient gardées dans des huches, dont seul le trésorier du Temple possédait la clé.

Les Templiers se faisaient un devoir de protéger soigneusement les dépôts des pèlerins et des croisés, quitte à « mettre en péril » la libération du roi de France. En effet, quand Saint Louis est fait prisonnier par le sultan d'Égypte, le 6 avril 1250, ce dernier exige une rançon de deux cent mille livres pour sa libération.

Il manque désespérément trente mille livres… que le sire de Joinville propose au roi d'emprunter aux frères du Temple qui transportent des sommes considérables à bord de leurs navires. La réponse de frère Étienne d'Otricourt, commandeur de l'Ordre (en l'absence du Maître, Guillaume de Sonnac, décédé pendant la retraite) est très claire : « Sire de Joinville, ce conseil que vous donnez au roi n'est ni bon ni raisonnable ; car vous savez que nous recevons les dépôts en telle manière, que par nos serments nous ne les pouvons délivrer, excepté à ceux qui nous les baillent. Il y eut assez de dures paroles et d'injurieuses entre moi et lui… »

Ce n'est pas l'argent du Temple, mais celui des pèlerins et des croisés (entreposé dans des huches), que protègent les Templiers, sous serment. Frère Bernard de Vichiers, maréchal du Temple, suggère alors à Joinville de faire semblant de s'emparer de force des huches, ainsi l'honneur du Temple sera-t-il sauf. Joinville décrit ainsi la scène : « *Je m'en allai à une des galères du Temple, la maîtresse galère ; et quand je voulus descendre dans la sentine de la galère, là où le trésor était, je demandai au commandeur du Temple qu'il vînt voir ce que je prendrais ; et il n'y daigna pas venir. Le maréchal dit qu'il viendrait voir la violence que je lui ferais.*

« *Sitôt que je fus descendu là où le trésor était, je demandai au trésorier du Temple, qui était là, qu'il me baillât des clefs d'une huche qui était devant moi ; et lui, qui me vit maigre et* décharné de la maladie, et avec l'habit que j'avais en prison, dit qu'il ne m'en baillerait pas. Et j'aperçus une coignée qui était là à terre ; alors je la pris et dis que j'en ferais la clef du roi. Quand le maréchal vit cela, alors il me prit par le poing et me dit : "Sire, nous voyons bien que c'est violence que vous nous faites, et nous vous ferons bailler les clefs." Alors il commanda au trésorier qu'on me les baillât ; ce qu'il fit. Et quand le maréchal eut dit au trésorier qui j'étais, il en fut tout ébahi.

« Je trouvai que cette huche que j'ouvris était à Nicolas de Choisy, un sergent du roi. Je jetai dehors ce que j'y trouvai d'argent, et allai m'asseoir à la proue de notre vaisseau qui m'avait amené... »

Après avoir vidé la huche de Nicolas de Choisy, Joinville ouvrira bien d'autres huches de croisés, jusqu'à atteindre la somme de trente mille livres, arguant du

Embarquement de vivres et de chevaux, à destination de la Terre sainte. Manuscrit enluminé conservé à la Bibliothèque nationale de France.

LES TEMPLIERS : DES BANQUIERS ?

Au vu des nombreuses opérations financières pratiquées en Orient et en Occident, on peut évidemment le penser et pourtant, la réponse doit être bien plus nuancée : aux XIIe et XIIIe siècles, les vrais banquiers, ceux qui pratiquent l'ensemble des opérations financières d'une banque, sont italiens, de Gênes, Pise, Venise, Sienne, Plaisance, etc.

Ainsi, en 1267, les quatre mille deux cents livres tournois accordées par le roi de France, Saint Louis, à la Terre sainte, sont-elles en fait des sommes empruntées aux banquiers de Sienne, appartenant à la compagnie des Buonsignori.

Le Temple n'est pas vraiment une banque et il se fait, trop souvent, une confusion entre ses activités financières propres et celles assurées pour le royaume de France ou d'autres pays.

fait que le Temple pourrait se la faire rembourser sur le dépôt royal gardé à Saint-Jean-d'Acre.

En tout cas, le roi de France saura gré au Temple de « s'être fait violence », demandant un peu plus tard, à son nouveau Maître, Renaud de Vichiers, d'être le parrain de son fils né… au Château-Pèlerin, célébrissime forteresse templière.

LE TEMPLE, AU XIIIᵉ SIÈCLE : UN ORDRE PUISSANT… QUI SUSCITE BIEN DES CONFLITS

« Les frères, les maîtres du Temple qui sont amplement pourvus d'or, d'argent et de richesse. »
(« Roman de Fauvel »).

Ce constat, ce reproche à peine voilé de la fortune des Templiers, traduit fort justement le sentiment prévalant à leur égard dans la plupart des pays d'Occident.

Les origines de la richesse du Temple

Elles sont multiples. En premier lieu, il faut citer ces centaines de commanderies qui ont su prospérer, grâce aux donations et achats judicieux de terres et de biens (se reporter au chapitre III). Par ailleurs, on ne peut omettre les activités financières pratiquées, comme je le souligne dans la première partie de ce chapitre. En fait, « les petits ruisseaux faisant les grandes rivières », l'opulence de l'Ordre

« Nave de Templiers », illustration in « Histoire des voiliers », par Pierre Joubert et Gilles Avril. Frappé de la croix templière, ce navire symbolise la puissance de l'ordre du Temple, chargé de transporter les récoltes, hommes et montures, à partir des ports méditerranéens pour la Palestine.
Illustration de Pierre Joubert.

provient de nombreuses sources de profit, que je me propose à présent de détailler.

Les donations

Rappelons tout d'abord que les seigneurs, faisant vœu de pauvreté au moment d'entrer dans l'Ordre, lui apportent une partie, sinon la totalité de leurs biens. D'autre part, dans tout l'Occident chrétien, rois, comtes et ducs lui consentent des donations considérables, « pour le salut de leur âme », selon la formule consacrée. Prenons un exemple précis, celui du duché de Bretagne. Les ducs ont largement favorisé les Templiers… avant de commencer à s'en méfier !

En 1217, le duc Pierre Mauclerc et Alix de Bretagne, son épouse, confirment aux chevaliers du Temple toutes les donations faites par leurs prédécesseurs : Conan III et Conan IV, Alain Le Noir, comte de Penthièvre et Hoël, comte de Nantes, le duc Geoffroy II et la duchesse Constance. Ils y ajoutent certains droits dans les villes de Châteaulin, Morlaix, Lannion, Moncontour…

La même année, Pierre Mauclerc mande à tous ses baillis et sénéchaux de faire jouir en paix les Templiers des droits d'usage et de pacage qui leur appartiennent en Bretagne et de réprimer toute atteinte portée à ces droits. Cette protection des ducs de Bretagne devient nécessaire aux chevaliers du Temple, car leur puissance et leur richesse leur créent des ennemis.

D'après une charte, datant sans doute de la fin du XIIIe siècle, à l'époque où les ducs de Bretagne centralisent le pouvoir dans leurs mains et que les Templiers ont besoin de titres pour sauvegarder leurs droits, on constate qu'ils possèdent des biens dans près d'une centaine de cités du duché (Nantes, Rennes, Vitré, Lamballe…), et dans toutes les campagnes des neuf évêchés bretons. Riches et pauvres, « puissants seigneurs et vils manants », tous donnent au Temple, qui un champ, qui une vigne, certain une maison, un autre une rente.

C'est l'époque des croisades et tous les chrétiens veulent aider un ordre qui s'est donné la mission de protéger les grands chemins parcourus par les pèlerins et les croisés. Aussi éprouve-t-on le besoin de favoriser ces héroïques défenseurs de la foi, à ce point qu'un chapitre général de l'ordre de

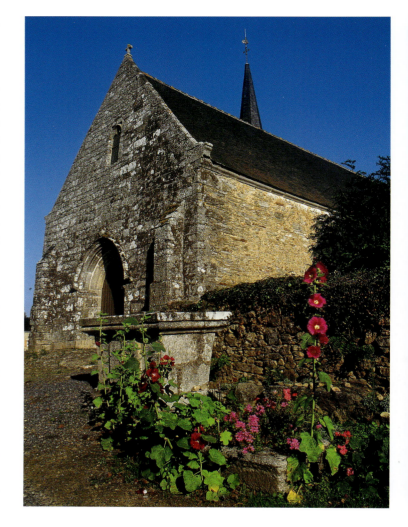

La chapelle templière de Lantiern (Morbihan), édifiée au XIIe siècle. Les sept autels encore existants prouvent sa grande réputation auprès des pèlerins.
Ph. Y. Boëlle.

Le duc de Bretagne.
Illustration de Pierre Joubert.

LES TEMPLIERS AU XIIIe SIÈCLE :
UNE PUISSANCE QUI SUSCITE BIEN DES CONFLITS

La chapelle du Temple, en Carentoir (Morbihan) conserve un fabuleux gisant de bois (XIIIe siècle ?), le « Saint dormant », représentant sans doute un Templier.
Ph. Y. Boëlle.

Saint-Dominique recommande aux confesseurs de conseiller les legs à la milice du Temple. Très appréciés sont également les chevaux et armures légués par les seigneurs, comme Geoffroy de Châteaubriant en 1264 et Geoffroy Tournemire en 1265.

Les activités commerciales

C'est un aspect (trop) méconnu qui a contribué à la mauvaise image des Templiers. Qu'ils vendent leurs productions agricoles, excellemment mises en valeur dans leurs commanderies, sur les marchés ou les grandes foires de Champagne et d'Île-de-France, cela se conçoit, mais qu'ils veuillent également faire du commerce, cela surprend… et bientôt crée moult conflits.

Un exemple entre cent, la situation dans la ville de Nantes, la plus importante du duché de Bretagne. Les Templiers construisent près de leurs ponts ou sur leurs ponts mêmes, des échoppes et boutiques, qu'ils louent ou font valoir par leurs hommes.

Par ailleurs, ils se querellent avec l'évêque de Nantes, à propos de ses droits sur la vente des vins. En 1226, a lieu une transaction entre Étienne, évêque de Nantes, et les frères du Temple de la cité : *« Il est convenu que le commandeur de Sainte-Catherine peut vendre en détail, chez lui, dix barriques de vin, mesure d'Angers, pendant le ban de l'évêque et du chapitre (époque à laquelle ces derniers ont seuls droit de*

La chapelle de la Madeleine à Clisson (Loire-Atlantique), à nef unique et trois travées, représente un modèle parfait d'église templière, par sa simplicité et son austérité (en harmonie avec l'idéal cistercien). Ph. C. Herlédan.

Les Templiers au XIIIe siècle :
une puissance qui suscite bien des conflits

vendre du vin à Nantes). Si le commandeur en vend davantage, sa cave sera saisie par les officiers relevant des autorités religieuses et il devra acquitter une amende de dix sols. »

Devenus riches, les Templiers de Nantes afféagèrent une partie de leurs terres : c'est ainsi qu'en 1296, leur commandeur céda, moyennant une rente annuelle, une vigne qu'il possédait sur la paroisse d'Aigne (aujourd'hui Saint-Sébastien-sur-Loire), à Rialan Le Breton et à Alise, son épouse.

Quêtes et redevances

Elles procurent également des recettes appréciables à l'ordre du Temple. Les Templiers sont autorisés à faire des quêtes, une fois l'an, dans chaque église d'Occident. Par ailleurs, les paroissiens peuvent suivre les offices religieux dans les chapelles des commanderies et consentir des aumônes… toujours bienvenues !

En tant que seigneurs disposant d'un droit de haute et basse justice, les commandeurs perçoivent enfin des droits et redevances sur les moulins, pêcheries, chasses, coupes de bois, foires et marchés, etc.

Les conflits entre les Templiers et les autorités politiques ou religieuses, au XIIIe siècle

Le Temple avait suscité une belle unanimité, au XIIe siècle, dans le sillage des croisades et de la chrétienté conquérante. Il en est tout autrement au siècle suivant, celui de la renaissance de l'État capétien et de l'affirmation des pouvoirs monarchiques. Face à la puissance et à la fortune sans cesse grandissantes de l'Ordre, un sentiment de méfiance se fait jour, qui laissera place peu à peu à une hostilité déclarée.

Les Templiers en conflit avec les seigneurs

Au XIIIe siècle, les commanderies templières apparaissent, aux yeux de nombreux seigneurs, comme des centres de pouvoirs et de revenus rivalisant avec les leurs. Ainsi, les frères du Temple perçoivent-ils d'importantes taxes et redevances (droit de banalité sur l'usage des moulins, de tonlieu sur les marchandises étalées lors des foires et marchés…) diminuant d'autant les revenus des seigneuries voisines. D'autre part, les commandeurs, jouissant du droit de haute et basse justice, reçoivent l'hommage de leurs vassaux. Ils sont donc perçus comme des rivaux par les seigneurs locaux… et les conflits vont se généraliser, au cours de ce siècle, dans toutes les contrées. Quelques exemples… entre mille !

Dans le duché de Bretagne, « l'affaire de Clisson » (1210-1213)

Elle traduit parfaitement l'exaspération des seigneurs face à la puissance montante des Templiers. À deux pas de la forteresse édifiée patiemment par les sires de Clisson, fut fondée, au XIIe siècle, une commanderie, dont il nous reste l'église de la Madeleine, émouvant modèle d'architecture templière, en sa simplicité « cistercienne ».

Il faut croire que son développement portait ombrage aux barons de Clisson, puisque, vers 1210, Guillaume de Clisson envahit le domaine du Temple et le ravage, s'emparant de quantité de richesses. Plus grave, il poursuit, les armes à la main, un homme vassal des Templiers et l'occit dans le cimetière attenant à l'église, défiant ainsi le droit d'asile reconnu.

L'affaire est grave et les frères du Temple réclament justice auprès d'Étienne de la Bruère, évêque de Nantes. Ce dernier rend

Vue aérienne de l'église de la commanderie d'Arville.

Ph. J.-J. Biet - Commanderie templière d'Arville.

91

sa sentence en 1213 : « *Guillaume de Clisson restitue au précepteur de la maison du Temple de Clisson tout ce qu'il lui a injustement enlevé, et, pour le dédommager du tort causé, il lui abandonne les impôts appelés "devoirs de coutumes" qu'il levait jusqu'à ce jour en toutes les terres d'aumônes appartenant aux Templiers dans l'étendue de sa seigneurie. Il cède aussi au même précepteur les autres droits féodaux nommés "services" que lui devaient les vassaux du Temple…*

« *Comme compensation du meurtre commis dans le cimetière du Temple, Guillaume de Clisson donne au précepteur "un homme libre et quitte, appelé Thébaud Le Volant, à posséder à perpétuité." Le même seigneur concède aux Templiers permission d'édifier maisons, fours et moulins dans toutes les terres qu'ils possèdent en sa baronnie, mais il leur défend d'y tenir foires ou marchés.*

« *Enfin, comme témoignage de la sincérité de ses sentiments, Guillaume de Clisson s'oblige envers les chevaliers du Temple à leur verser la somme de sept mille sols, s'il ne tient pas ses engagements ; il donne pour cautions Guillaume de Clisson le Vieux, Eudon sire de Pontchâteau, Gaudin Guerriff, Maurice de Liré et Regnaud Sauvage.* »

Les Templiers de Nantes et les seigneurs d'Assérac

Pierre, sire d'Assérac (en presqu'île de Guérande), refuse de reconnaître le droit qu'ont les frères du Temple de lever la moitié des droits de la foire de Saint-Lyphard, en Brière. Se laissant aller à la violence, il jette deux Templiers en prison. Sur plainte du commandeur il est mis en demeure de réparer ses torts, s'y refuse… et est excommunié !

Cette sentence (fort grave à l'époque) ne sera levée qu'en mars 1222, quand Pierre d'Assérac s'engage à respecter les droits du Temple et à libérer ses prisonniers.

Dans la région de Chartres

Les Templiers s'y installent très tôt : vers 1129, peu après le concile de Troyes, est

L'imposant château-forteresse des sires de Clisson témoigne de la puissance de ces seigneurs qui s'inquiétèrent, bien vite, de la richesse et de l'expansion des Templiers établis à proximité.
Ph. Y. Boëlle.

fondée la commanderie de Mondoubleau, qui deviendra la maison mère de la baillie de Chartres.

Celle d'Arville lui succède, à la suite d'un don à l'Ordre, fait vers 1130, par

Les Templiers au XIIIe siècle :
une puissance qui suscite bien des conflits

Geoffroy III, vicomte de Châteaudun et seigneur de Mondoubleau. Elle connaît un développement remarquable, à la suite des défrichements effectués pour rendre les terres productives. Exploitation agricole de qualité, cette commanderie élèvera également de nombreux chevaux « percherons », convoyés ensuite en Terre sainte.

Dès la mort de Geoffroy III en 1151, de nombreux litiges opposent ses successeurs aux Templiers d'Arville. Son fils Hugues s'inquiète des dégâts causés à ses forêts par les bestiaux de la maison templière, qui s'y nourrissent de fougères et de feuilles ; aussi réduit-il à vingt vaches et dix porcs, le droit de pacage pour le cheptel d'Arville.

En 1205 et en 1213, le vicomte Geoffroy conteste vivement certains droits d'usages accordés aux frères du Temple, comme celui d'abattre du « bois vif », pour édifier des constructions. L'abattage des arbres fait fuir les bêtes sauvages et les chasses du vicomte s'en ressentent « cruellement ». Les Templiers portent alors l'affaire jusqu'au pape, Honorius III… qui excommunie le vicomte, le 30 mai 1216.

Dans le Larzac
En 1257, les Templiers citent à comparaître les seigneurs de Roquefeuil, à la suite des ravages commis par ces derniers sur leurs biens.

Vestiges du château fort de Mondoubleau (Loir-et-Cher), où les Templiers fondèrent une commanderie, vers 1129-1130.

LES TEMPLIERS EN CONFLIT AVEC LES AUTORITÉS RELIGIEUSES

Défendant âprement ses droits, face au pouvoir seigneurial, l'ordre du Temple agit de même, face à l'autorité ecclésiastique. « L'affaire de Belle-Lande », détaillée ci-dessous, pourrait être reproduite à des centaines d'exemplaires, au royaume de France.

En 1199, deux seigneurs, Guillaume de Saint-Martin et Archambaud de Charme, firent donation à l'Ordre de tous les biens qu'ils possédaient à Belle-Lande (près d'Épuisay, en Eure-et-Loir) et tous les droits nécessaires pour y établir une exploitation agricole. Mais ceux concernant les revenus ecclésiastiques n'avaient pas été précisés. Or, en 1212, la forêt de Belle-Lande ayant été défrichée, un nouveau village y vit le jour.

Face aux Templiers qui voulaient s'accaparer ces revenus, le curé d'Épuisay revendiqua le bénéfice des « *prémices, oblations et tous autres droits qui appartiennent à ma paroisse* ». C'est l'évêque de Chartres, Regnaud de Mouçon, qui jugea le différend : les Templiers auraient les revenus une année, le curé d'Épuisay l'année suivante.

En Champagne

En 1228, le comte Thibaud s'empare des biens des Templiers... qui portent plainte et se voient reconnaître leur bon droit, l'année suivante. Mais Thibaud refuse d'appliquer la sentence. Ce n'est qu'en 1255 qu'interviendra le règlement final de cette « affaire » : les frères du Temple conservent leurs biens mais ne peuvent plus en acheter, sans autorisation des comtes de Champagne.

Je viens de citer quelques exemples de conflits opposant les Templiers aux seigneurs, au XIIIe siècle... une encyclopédie n'y suffirait point !

Les Templiers en conflit avec les rois

Au XIIe siècle, les souverains occidentaux ont largement contribué au développement de l'ordre du Temple, en lui consentant des donations importantes. Certains l'ont d'ailleurs considéré comme un allié possible, face aux prétentions des puissants féodaux. La situation se dégrade nettement au siècle suivant, en raison de la puissance de l'Ordre. Ainsi en est-il dans la plupart des royaumes, et en tout premier lieu, en France.

« *Plus la maison du Temple de Paris, d'ampleur prendra,*

plus la méfiance des rois de France grandira. »

Paris est en effet la capitale du royaume, mais aussi le siège de la principale maison templière de l'Occident, celle où réside le « Maître de la milice en France ». Sans doute fondée vers 1146-1147, cette commanderie ne se développa réellement qu'après 1170, lorsque le roi Louis VII (auquel les Templiers avaient apporté un précieux concours lors de la deuxième croisade) lui octroya un vaste terrain marécageux (dans le quartier actuel du Marais).

Au début du XIIIe siècle, les frères y édifièrent une magnifique église octogonale (sur le modèle du Saint-Sépulcre), donjon, tours et murailles, le tout formant le très vaste « enclos du Temple », dont l'ampleur apparaît comme un défi lancé au pouvoir royal.

L'attitude des Capétiens est tout à fait révélatrice : soutenu par Louis VII et Philippe Auguste, au début de son règne (ils lui confient la garde du trésor), le Temple se voit imposer des contraintes à sa volonté expansionniste dans les dernières années, avant d'entrer en conflit ouvert avec Philippe le Bel.

En Angleterre

La situation de l'Ordre ressemble fort à celle vécue en France : gardien d'une partie du trésor, au XIIe siècle, les Templiers perdent la faveur royale, au siècle suivant, surtout sous Édouard Ier (1270-1307), qui s'empare même des coffres des particuliers confiés au Temple, à la suite d'un véritable « hold-up », en 1263.

En Espagne

Les Templiers y jouissaient d'une formidable réputation, en raison de leur rôle très actif dans la Reconquista, la reconquête des terres aux mains des Maures. Les souverains des royaumes chrétiens du nord de l'Espagne, à l'image des rois d'Aragon et des comtes de Barcelone, leur avaient octroyé moult donations (châteaux, terres, etc.), en sus du droit d'un cinquième du butin dans les contrées et cités reprises à l'Infidèle, grâce à leur aide.

Au XIIIe siècle, ce privilège est supprimé, des impôts et redevances sont exigés.

Bien à l'abri dans les puissantes forteresses de Monzon, Grañana, Barbera, Ponferrada... les Templiers peuvent attendre des jours meilleurs !

La chute et la fin de l'ordre du Temple (1291-1314)

Page de gauche :
« L'arrestation des Templiers le 13 octobre 1307. Les agents du roi mènent deux Templiers en prison. On reconnaît un frère chapelain (à sa tonsure) et un frère Sergent. Miniature in « Grande Chronique de France ». © British Library, Londres

Les origines

Elles sont bien plus complexes que la simple volonté du roi de France, Philippe le Bel, de s'emparer du trésor du Temple, raison invoquée généralement par les historiens des siècles passés. Plusieurs pistes doivent être suivies.

1291 : quel avenir pour l'ordre du Temple ?

Avec la chute de Saint-Jean-d'Acre, le 28 mai 1291, c'est l'existence même de l'Ordre qui est remise en cause : n'a-t-il point été créé pour assurer la défense des pèlerins en Terre sainte, puis celle des États latins d'Orient ?

Le roi de France, Philippe le Bel, entouré de sa famille. Miniature in « Livre de Dina et Kalila », XIVᵉ siècle.
Conservation Bibliothèque nationale de France. © Bridgeman-Giraudon.

97

Portrait du pape Innocent III, ardent défenseur de la théocratie ».
Agence Giraudon.

La chute et la fin de l'ordre du Temple (1291-1314)

Au cours du XIIIe siècle, les rois de France n'ont eu de cesse d'accroître le territoire du royaume et d'imposer l'autorité monarchique.

Comment justifier désormais sa raison d'être ? En a-t-il une encore, d'ailleurs ? Telle est la question « brûlante » qui agite l'Occident et les consciences chrétiennes.

La rivalité entre les papes et le roi de France Philippe le Bel (1286-1314)

Le conflit permanent entre les ambitions du Saint-Siège et celle du roi de France est assurément l'une des causes majeures de la chute du Temple. Rappelons tout d'abord que les Templiers ne relèvent que de l'autorité papale, depuis la bulle « Omne datum optimum », datée de 1139. Or, à la fin du XIIIe siècle, l'ordre du Temple représente une puissance militaire, économique et financière considérable : militaire, avec ses quinze mille lances à disposition (dont mille cinq cents chevaliers), économique et financière, avec ses centaines de commanderies prospères, implantées dans toute l'Europe, très souvent à des positions stratégiques (axes de circulation importants, débouchés de vallées, ports d'embarquement, etc.).

Le Temple peut être le bras armé de la papauté, dans le cadre de sa volonté d'hégémonie sur les pouvoirs temporels, qui s'est développée au cours du XIIIe siècle et, tout d'abord, sous le règne d'Innocent III (1198-1216). Comme le soulignent fort justement Stéphane Arthur et Michel Bonnet dans leur ouvrage, « L'Encyclopédie des papes » (Éd. Patrick Banon) : « *Le fondement de son règne est la théocratie et la supériorité en toute chose du pape sur toute personne, tout groupe de personnes. Il n'hésite pas à dire : "La dignité royale n'est qu'un reflet de la dignité pontificale." Il estime que le pape a le droit de disposer des couronnes des princes temporels de façon à en dessaisir ceux qui en sont indignes.* »

Ainsi intervient-il directement dans les querelles de succession concernant le Saint Empire romain germanique, tout comme dans les affaires intérieures des royaumes d'Angleterre et de France. En 1212, il excommunie Jean sans Terre, qui, pour éviter que le roi de France ne s'empare de l'Angleterre, décide de se soumettre au pape et de devenir son vassal, l'année suivante.

Comme l'affirment les auteurs, « *petit à petit, le système d'Innocent se met en place, les princes temporels dépendent de lui. Il devient "Imperium mundi"... Mais il se trouve confronté à une résistance : la France, plus exactement son roi Philippe Auguste, qui a décidé de renvoyer sa femme Isambourg. Rien n'y fait et surtout pas l'interdit lancé contre le royaume, le 14 janvier 1200* ».

L'un de ses successeurs, Boniface VIII, pape depuis le 24 décembre 1294, veut imposer pleinement cette conception théocratique de la société. Il rentre en conflit ouvert avec le roi de France, Philippe le Bel,

sacré en 1286, qui, lui, n'a de cesse d'assurer son autorité en son royaume.

Le paroxysme est atteint en 1302, quand Boniface VIII publie la bulle « Unam Sanctam », proclamant la supériorité du pape sur tous les hommes, quelles que soient leurs conditions, rois ou empereurs.

Philippe le Bel réagit avec l'aide de son conseiller, Guillaume de Nogaret, et suggère la réunion d'un concile, pour déposer Boniface VIII. Ce dernier réplique en excommuniant Philippe le Bel et sa famille, par la bulle « Super Patri Solio ».

Un guet-apens est alors tendu au pape, retiré en sa ville natale, Anagni, par Nogaret et ses complices. Il a lieu le 7 septembre 1303. Boniface VIII en réchappe mais il meurt peu après, le 11 octobre 1303. Le 22 octobre de cette même année, lui succède Benoît XI, qui, soucieux d'apaiser les tensions, accorde son pardon aux comploteurs d'Anagni… exception faite de Nogaret.

Son pontificat sera de très courte durée, puisqu'il meurt quelques mois plus tard, le 7 juillet 1304, après avoir mangé des figues empoisonnées, selon certains historiens… lesquels y voient, bien entendu, la main criminelle de Nogaret.

Le 5 juin 1305, c'est un Français, Bertrand de Got, archevêque de Bordeaux, qui devient pape, sous le nom de Clément V. Son pontificat restera, à tout jamais, attaché à la chute et à la fin de l'ordre du Temple.

La mauvaise réputation des frères du Temple

« Boire comme un templier », « Jurer comme un templier », voilà deux expressions populaires qui traduisent mieux

Le pape Grégoire IX confie à l'ordre des Dominicains le soin de combattre l'hérésie cathare. Bibliothèque Sainte-Geneviève, Paris. Depuis Grégoire VII (1073-1085), l'autorité papale n'a cessé de s'affirmer en Occident. Au XIVe siècle, le conflit éclate entre le roi de France Philippe le Bel et le pape Boniface VIII.
Ph. Studio Ethel.

La chute et la fin de l'Ordre du Temple (1291-1314)

Portrait de Jacques de Molay. Gravure du XIXe siècle in « L'Histoire des sociétés secrètes » de Pierre Zaccone.
© Collection Viollet.

qu'un long discours (même s'il faut relativiser leur portée) la disgrâce dans laquelle sont tombés les frères du Temple, aux yeux du peuple, à la fin du XIIIe siècle.

Combattants valeureux en Orient, les Templiers sont trop souvent regardés, en France et en Occident, comme des seigneurs avides et orgueilleux, vivant, qui plus est, dans un luxe ostentatoire : où sont la foi, l'humilité, l'austérité des débuts de l'Ordre ? Par ailleurs, des bruits circulent depuis longtemps sur leurs « mauvaises mœurs » : sodomie, idolâtrie, hérésie (on les soupçonne fortement de sympathie pour l'islam)…

Les rumeurs s'amplifient dans les premières années du XIVe siècle, alors que la vie quotidienne est de plus en plus difficile et les impôts, sans cesse plus lourds. Les guerres de Flandre ont engendré une crise financière, que Philippe le Bel tente de résoudre, au moyen de dévaluations monétaires. Celle de 1306 provoque la révolte du peuple de Paris et pour échapper à sa vindicte, le roi de France doit se réfugier derrière les hauts murs… de l'enclos forteresse du Temple de Paris !

L'intransigeance de Jacques de Molay, Maître du Temple

Élu en 1293, à Chypre, où l'Ordre s'est replié, Jacques de Molay porte une responsabilité certaine dans la chute du Temple : par son refus obstiné de le faire évoluer, il va le précipiter dans l'abîme. En 1306, le pape Clément V envoie une missive au Maître à Chypre : c'est une convocation à se rendre en France, pour discuter du projet d'une nouvelle croisade. Dans ce courrier, le souverain pontife lui fait part de son souhait d'une fusion entre les deux principaux ordres, le Temple et l'Hôpital, et attend une réponse du Maître à ce sujet.

Jacques de Molay lui adresse un mémoire prônant le *statu quo* et met en avant de bien faibles arguments. Ainsi soutient-il que la générosité des fidèles sera moins grande s'il n'y a plus qu'un seul ordre ; que l'Hôpital et le Temple, ayant l'habitude d'occuper l'avant-garde et l'arrière-garde dans les batailles contre les Sarrasins, si l'on supprime le Temple, il manquera forcément l'une ou l'autre position !

Répondant à la convocation papale, le Maître quitte l'île de Chypre, à la fin de l'année 1306. Il ne la reverra plus. Son destin, comme celui de tous les autres frères, se joue désormais en terre de France.

L'ARRESTATION DES TEMPLIERS (13 OCTOBRE 1307)

Qui se souvient encore aujourd'hui que la superstition engendrée par le « vendredi 13 », date de cet événement… sur lequel il convient de se pencher à présent.

Préparation et mise en condition

Le scénario de cette arrestation, qui apparaît comme la première grande rafle policière, accomplie à la perfection, met en scène tout d'abord l'incontournable Nogaret. « L'âme damnée » du roi de France disposait d'un précieux atout contre l'ordre du Temple : les aveux d'un Templier de Béziers, Esquieu de Floyran, confirmant les pratiques « obscènes » en usage chez les frères.

Après avoir tenté, en vain, de les monnayer auprès du roi d'Aragon, Jacques II, en 1305, Esquieu de Floyran se tourne vers le roi de France, dans l'espoir d'une oreille plus attentive… et d'un dédommagement conséquent !

Profondément pieux, le roi de France est réellement choqué par la confession du templier « renégat », dont il révèle la teneur au pape Clément V, à plusieurs reprises, et en particulier, lors du couronnement de ce dernier le 23 novembre 1305. Mais le souverain pontife tergiverse, peu soucieux de voir se déclarer une guerre ouverte entre le royaume de France et l'ordre du Temple… qui peut encore lui être si utile.

Informé des accusations portées contre les Templiers, Jacques de Molay, qui préside un chapitre général de l'Ordre à Paris, en juin 1307, s'adresse au pape pour lui demander d'ouvrir une enquête qui, espère-t-il, leur rendra leur honneur. Le 24 août 1307, Clément V accède à la requête et fait savoir à Philippe le Bel *« que les dignitaires de l'Ordre, informés de la dénonciation, demandent justice contre les délateurs, si l'accusation est mal fondée, et se soumettent aux plus rigoureuses peines, s'ils sont jugés coupables »*.

Pressé d'en finir avec l'ordre du Temple, le roi de France n'attendra pas les résultats de l'enquête pontificale : le 14 septembre 1307, il fait partir une correspondance à tous les baillis et sénéchaux, justifiant l'arrestation des Templiers. Voici un extrait de celle adressée aux chevaliers Hugues de la Celle et Oudard de Molendinis, commissaires de Sa Majesté, ainsi qu'au sénéchal de Beaucaire : *« Philippe, par la Grâce de Dieu, Roi de France…*

« C'est une chose amère, une chose déplorable, une chose assurément horrible à penser, terrible à entendre, un crime détestable, un forfait exécrable, et de grand et de prodigieux scandale… au rapport de plusieurs personnages dignes de foi, non toutes fois sans un grand étonnement et frayeur, qui est parvenu à nos oreilles : "Que les Templiers, cachant le loup sous l'apparence de l'agneau, quand ils entrent en leur ordre, nient par trois fois Jésus Christ, lui crachent autant de fois contre la face et, tout nus, baisent celui qui les reçoit en premier lieu, à l'anus, en second au nombril et enfin, à la bouche"… »

Philippe le Bel détaille ensuite la longue liste des « crimes » commis par les frères du Temple et conclut par des instructions précises pour les arrêter le vendredi 13 octobre 1307.

La chute et la fin
de l'ordre du Temple (1291-1314)

L'arrestation des Templiers (13 octobre 1307)

Le jeudi 12 octobre, le Maître du Temple, Jacques de Molay, côtoyait encore le roi de France, aux obsèques de Catherine du Courtenay, épouse de Charles de Valois (frère du roi). N'avait-il point le rang de prince souverain !

Grandeur et décadence, le lendemain, au petit matin, c'est le propre chancelier (le garde des Sceaux) de Philippe le Bel, celui qui a joué un rôle essentiel dans la machination contre le Temple, Guillaume de Nogaret, qui, accompagné de ses gens d'armes, se présente aux portes de la maison templière de Paris, pour arrêter le Maître et les cent trente-huit frères présents. Proprement abasourdis par une telle audace, les Templiers se laissent enfermer, sans résister, dans les « basses fosses », la prison de la forteresse.

Dans toutes les commanderies du royaume, se déroule une scène identique : baillis et sénéchaux, prudemment escortés, se présentent, munis de l'ordonnance royale, pour signifier leur arrestation aux commandeurs et frères du Temple. Ainsi, en Normandie, les officiers royaux s'emparent-ils du précepteur de la région, Geoffroy de Charnay, des commandeurs et chevaliers des maisons templières de Baugy, Bretteville, Courval, Voismer, Renneville, etc. Certains sont emprisonnés à Caen, d'autres à Rouen et Gisors. Leurs biens sont inventoriés et confiés à des commissaires royaux, dans l'attente des décisions de justice.

Cette rafle policière est sans conteste un succès pour Philippe le Bel : à part Gérard de Villers, Maître de la milice en France, tous les autres dignitaires de l'Ordre sont arrêtés. Seuls quelques chevaliers ont réussi à s'enfuir. Plusieurs centaines de Templiers, en tout cas, ont été jetés en prison et attendent désormais leur jugement.

Des premiers aveux (novembre 1307) aux commissions d'enquête (1309-1311)

Philippe le Bel, expert en manipulation de l'opinion publique

Soucieux de se concilier les faveurs du peuple et de l'Église de France, le roi agit avec beaucoup d'habileté, pour justifier l'arrestation des frères du Temple. Dès le samedi 14 octobre, il fait intervenir Nogaret qui prononce une violence harangue, dénonçant les « fautes » des Templiers, face aux chanoines et docteurs de l'université, assemblés dans une salle capitulaire de Notre-Dame.

Le lendemain, c'est le peuple de Paris, invité à se réunir dans les jardins du Palais, qui entend les « abominations » commises par les frères, dénoncées par des conseillers du roi et des frères dominicains représentant la redoutable Inquisition.

Le lundi 16 octobre, Philippe le Bel écrit aux souverains des royaumes d'Europe pour les informer de l'arrestation des Templiers en France et les inviter à procéder de même. Incrédules, la plupart des souverains répondent d'abord par la négative, à l'image du roi d'Angleterre, Édouard II (pourtant gendre du roi de France) ou de celui d'Aragon, Jacques II, avant que ne paraisse, le 22 novembre 1307, la bulle papale « Pastoralis praeminentiae », ordonnant l'arrestation des Templiers et la mise sous séquestre de leurs biens… sous la tutelle de l'Église ! Là est bien l'un des enjeux majeurs de ce « combat des chefs », entre le roi de France, le pape et le Maître du Temple : quel est l'avenir des immenses possessions de l'Ordre ?

Les premiers aveux

Philippe le Bel n'attendait guère le soutien des souverains européens pour se décider à ouvrir le procès des frères du Temple, qu'il aurait aimé faire instruire par ses propres officiers. Mais, les docteurs de l'université, consultés, lui répondent que les Templiers étant des religieux dépendant du Saint-Siège, la juridiction laïque ne peut s'exercer.

Le roi confie alors la rude tâche de l'interrogatoire des prisonniers à son confesseur, Guillaume de Paris, représentant, par ailleurs, de l'Inquisition en France. Mais, n'était-ce point le pape qui avait le droit de déclencher justement cette procédure de l'Inquisition ? La réaction de Clément V ne se fait pas attendre : il suspend les pouvoirs de Guillaume de Paris et, le 17 octobre, réunit les Templiers de la Curie (administration pontificale), pour les assurer de sa protection.

Deux jours plus tard, les premiers aveux tombent. En effet, les interrogatoires des cent trente-huit Templiers emprisonnés dans la capitale, dans les basses fosses de l'enclos du Temple débutent, le 19 octobre, sous la conduite de Guillaume de Paris. Curieux « interrogatoires », en vérité, où ceux qui ne veulent pas avouer sont soumis à d'horribles tortures, au point que trente-huit d'entre eux succomberont aux cruels supplices.

Reniement de la sainte croix, sodomie, adoration d'une idole ou d'un chat noir, voilà les « fautes » et « péchés » avoués, qui reviennent régulièrement dans les cent trente-huit dépositions. Celles des principaux dignitaires prennent bien entendu un relief bien particulier, à commencer par celle de Geoffroy de Charnay, précepteur de Normandie, interrogé le 21 octobre : « *Il dit sous serment qu'après qu'on l'eut reçu et qu'on lui eut mis le manteau au cou, on lui apporta une croix sur laquelle était l'image de Jésus-Christ. Et le même frère qui le reçut lui dit de ne pas croire en celui dont l'image y était représentée, parce qu'il était un faux prophète et qu'il n'était pas Dieu. Et alors celui qui le reçut lui fit renier Jésus-Christ trois fois, de la bouche, non du cœur, à ce qu'il dit.*

« *Requis de déclarer s'il avait craché sur l'image elle-même, il dit sous serment qu'il ne s'en souvient pas...*

« *Interrogé sur le baiser, il dit sous serment qu'il baisa le Maître qui le recevait sur le nombril, et il entendit frère Gérard de Sauzet, précepteur d'Auvergne, dire aux frères présents au chapitre qu'il estimait qu'il valait mieux s'unir aux frères de l'Ordre que de se débaucher avec les femmes, mais il ne le fit jamais et ne fut pas requis de le faire, à ce qu'il dit...* »

La déposition de Jacques de Molay, le Grand Maître, interrogé le 24 octobre, confirmant les « aveux » précédents, porte évidemment un coup très dur à l'Ordre.

Après avoir juré sur les Saints Évangiles de dire la vérité, il révéla sous serment « *qu'il y a quarante-deux ans passés, il fut reçu à Beaune, au diocèse d'Autun, par frère Humbert de Pairaud, chevalier, en présence de frère Amaury de La Roche et de plusieurs autres frères...*

« *Il dit aussi sous serment qu'après avoir fait plusieurs promesses relatives aux observances et aux statuts de l'Ordre, ils lui mirent le manteau au cou. Et celui qui le recevait fit apporter en sa présence une croix de bronze, sur laquelle était l'image du Christ et lui prescrit de la renier. Et lui, malgré lui, le fit ; alors, celui qui le recevait lui ordonna de cracher sur elle, mais il cracha par terre. Interrogé sur le point de savoir combien de fois il le fit, il dit sous serment qu'il ne cracha qu'une fois...*

« *Interrogé sur le point de savoir si, quand il fit le vœu de chasteté, on lui dit de s'unir charnellement avec ses frères, il répondit sous serment que non, et qu'il ne le fit jamais. Requis de déclarer sous serment s'il croyait que tous les frères dudit Ordre étaient reçus de cette façon, il dit qu'il ne le croyait pas. D'ailleurs il ajouta qu'il fit entrer dans l'Ordre peu de frères. Il dit cependant sous*

La chute et la fin de l'Ordre du Temple (1291-1314)

Détail de la « Complainte d'amour » (XIVe siècle), où l'Eglise, représentée par la Vierge (symbole de pureté), critique vivement les mauvaises actions des Templiers.
Bibliothèque nationale de France.

serment qu'à ceux qu'il reçut, il prescrit à quelques-uns des assistants de les conduire à part et de leur faire ce qu'ils devaient... »

Le lendemain, Jacques de Molay confirme ses « aveux » devant les docteurs de l'université de Paris et accepte d'écrire aux Templiers arrêtés dans le royaume, pour leur enjoindre de « dire la vérité » et donc « d'avouer leurs fautes ». Quand on sait qu'à Paris, trente-huit frères n'ont pas survécu à la torture, on peut légitimement douter de la sincérité de leurs confessions. Il faut remarquer par ailleurs qu'en dépit de tous les supplices auxquels ils furent soumis, trois Templiers de la capitale persistèrent dans la négation de leurs « crimes ».

Le pape Clément V peut bien protester (lettre du 27 octobre) à propos de l'arrestation et de la saisie des biens des Templiers, Philippe le Bel a enfin les preuves du comportement « pervers » des frères, considérés de plus comme des hérétiques : n'ont-ils point des sympathies « avouées » pour l'islam ?

Clément V contre Philippe le Bel

Emprisonnés, les Templiers sont désormais l'enjeu d'une lutte d'influence entre le pape et le roi de France. Clément V est parfaitement conscient de la volonté de Philippe le Bel d'affaiblir le Saint-Siège. Mais c'est un « mou », un indécis, résidant de plus en Avignon, à portée des armées royales.

Face au bouillant roi de France, le souverain pontife tente de reprendre la main en promulguant, le 27 novembre, la bulle « Pastoralis praeminentiae » : il ordonne à tous les souverains d'Europe de faire arrêter les Templiers présents dans leur royaume, ainsi que la mise sous tutelle de leurs biens par l'Église... mais cette bulle affirme aussi que ceux-ci leur seront rendus, si l'Ordre est reconnu innocent, à la suite du procès qui va s'engager. En fait, par cette manœuvre, Clément V tente de mettre les Templiers sous sa protection et leurs biens à l'abri des convoitises des puissants, du pouvoir temporel.

105

> ## L'ARRESTATION DES TEMPLIERS EN EUROPE
>
> L'ordre du Temple subit diverses fortunes selon les royaumes, et ce n'est qu'après la publication de la bulle « Pastoralis praeminentiae » qu'il fut réellement attaqué. En Espagne cependant, les premières arrestations eurent lieu en Navarre, dès le 23 octobre 1307, mais il est vrai que ce royaume était alors possession du fils aîné du roi de France.
>
> Jacques II, roi d'Aragon, désireux de s'emparer des forteresses et châteaux templiers, s'en prend lui aussi à l'Ordre mais se trouve confronté à la résistance farouche des Templiers, menée par Raymond Sa Guardia, commandeur du Mas-Deu, la plus importante commanderie du Roussillon. Les frères s'enferment dans leurs châteaux de Miravet, Asco, Monzon, Castellotte et Chalmera. Jacques II ne réussira à les prendre qu'après un long siège (de décembre 1307 à mai 1309) entrecoupé de négociations. Raymond Sa Guardia fut jugé et acquitté. Il finit ses jours tranquillement dans sa commanderie du Mas-Deu.
>
> En Angleterre, le roi Édouard II fit arrêter les Templiers le 10 janvier 1308. Au Portugal, en Castille, en Allemagne, dans la plupart des autres pays, l'arrestation des frères du Temple n'eut lieu qu'au cours de l'année 1308, à la suite d'une nouvelle bulle papale, « Faciens misericordiam », promulguée au mois d'août.

En décembre 1307, Clément V délègue deux cardinaux, Étienne de Suisy et Béranger de Fredol, auprès du roi de France, pour avoir confirmation que celui-ci place effectivement les Templiers et leurs biens sous la tutelle de l'Église. Philippe le Bel accepte, en apparence, mais suggère que, pour des raisons matérielles (l'Église n'ayant pas les moyens de les garder), personnes et biens restent sous son contrôle... Quel cynisme !

Les deux cardinaux interrogent, à leur tour, à huis clos, Jacques de Molay et quelques dignitaires, dont Hugues de Pairaud, le visiteur en France. Tous deux dénoncent les tortures physiques, les pressions morales qu'on leur a fait subir pour arracher des aveux... qu'ils révoquent... de même que la plupart des Templiers de Paris !

Clément V sait désormais à quoi s'en tenir sur les prétendues confessions des frères du Temple. En février 1308, il révoque le pouvoir des inquisiteurs et suspend les procédures en cours.

Comment va réagir Philippe le Bel ? Cette lutte d'influence entre le pape et le roi de France, à propos du sort réservé aux Templiers, ressemble fort à un jeu d'échecs : tour à tour, chacun des protagonistes avance ses pions et tente de prendre l'avantage sur l'adversaire. Ainsi Philippe le Bel procède-t-il au mois de mars 1308 : il convoque les états généraux à Tours, dans le but d'inciter le peuple à réclamer le juste châtiment des fautes commises par les Templiers. Puis il fait circuler des pamphlets et libelles (anonymes, bien sûr !), dont l'un fait beaucoup de bruit, « Les remontrances du peuple de France », œuvre de Pierre Dubois... conseiller du roi ! Celui-ci s'attaque en particulier aux frères du Temple, accusés d'hérésie.

Philippe le Bel fait intervenir également ses deux conseillers, Nogaret et Plaisians, tout à sa dévotion, pour exercer une pression constante sur le pape... qui continue de tergiverser.

Un consistoire se tient le 29 mai 1308, en présence de Clément V, auquel Plaisians

La chute et la fin
de l'ordre du Temple (1291-1314)

présente la position du roi de France. Face à l'attitude lénifiante du pape, le 14 juin, le conseiller royal attaque franchement : « *Votre Sainteté a répondu d'une façon générale, sans toutefois rien dire de précis du cas particulier. Vous avez vu que les esprits des auditeurs présents en avaient été considérablement surpris et que cela avait déterminé chez tous un grave scandale. Car les uns vous soupçonnent de vouloir favoriser les Templiers…* »

Puis il réclame le rétablissement de l'Inquisition et la suppression de l'ordre du Temple. Face à tant d'obstination, le pape finit par céder et demande à entendre lui-même des Templiers emprisonnés, ainsi que leurs dignitaires. A-t-il voulu gagner du temps ou donner le change ? Est-il convaincu de leur innocence ? En tout cas, Philippe le Bel contre la manœuvre en lui faisant amener, à Poitiers, soixante-douze Templiers soigneusement choisis.

En tant que moine, le Templier doit se soumettre aux autorités religieuses. Miniature. Bibliothèque nationale de France.

Les Templiers face au pape Clément V

Sortis des sinistres geôles où ils croupissent, dans d'atroces conditions, les fers aux pieds, sans doute par crainte de subir de nouvelles tortures, les frères du Temple réitèrent devant le pape les aveux précédents. Du 27 juin au 1er juillet, Clément V entend les soixante-douze Templiers avouer leurs fautes, comme cet Étienne de Troyes, contant en ces termes sa réception dans l'Ordre, en présence d'Hugues de Pairaud, le Visiteur en France. Celui-ci l'ayant exhorté à renier la croix, il raconte : « *Je résistai de toutes mes forces, mais un des frères présents tira son épée et, me touchant aux côtés avec la pointe, il me cria : "Si tu ne renies pas le Christ, je vais te percer de cette épée et tu mourras sur-le-champ." Tous les autres me menacèrent également de la mort, aussi, je finis par renier le Christ, une fois seulement…* »

Les dépositions sont accablantes, mais elles sont le fait de frères sergents essentiellement, dont certains ne faisaient même plus partie de l'Ordre. Le pape veut entendre à tout prix les dignitaires, espérant certainement de tout autres confessions. Le « diabolique » Nogaret a saisi le danger, aussi fait-il enfermer Jacques de Molay et les autres dignitaires au château de Chinon, prétextant qu'ils sont trop malades pour se rendre à Poitiers.

Clément V n'est pas dupe et délègue trois cardinaux (Étienne de Suisy, Béranger de Fredol et Landolphe de Brancaccio) à Chinon pour les entendre. Au début du mois d'août 1308, les représentants du pape, en présence des conseillers du roi Plaisians et Nogaret (ce qui était totalement illégal), interrogent successivement Rimbaud de Caron, précepteur de Chypre, Geoffroy de Charnay, précepteur de Normandie, Geoffroy de Gonneville, précepteur d'Aquitaine et du Poitou, Hugues de Pairaud, visiteur en France et enfin, Jacques de Molay, Maître de l'ordre du Temple.

Tous reconnaissent les « crimes » dont ils sont accusés et implorent la miséricorde royale. La lettre adressée au roi de France par les trois cardinaux, à la suite des interrogatoires, n'est guère équivoque : « *Le samedi après l'Assomption, nous avons appelé devant nous le précepteur de Chypre, et nous lui avons fait connaître les divers chefs d'inculpation. Après lui avoir fait prêter serment, en fils obéissant, il reconnut son crime, avoua la coutume de renier Jésus-Christ et de cracher sur la croix.*

« Le même jour, le précepteur de Normandie se présenta devant nous, et après avoir prêté serment, il avoua avoir renié Jésus-Christ...

« Le dimanche au matin, nous avons fait comparaître le frère Hugues de Pairaud ; puis, le même jour, après vêpres, le Grand Maître de l'Ordre. Ils demandèrent à réfléchir jusqu'au lendemain lundi, ce que nous leur avons accordé. Et le lundi, le frère Hugues de Pairaud, après avoir prêté serment, persista dans les aveux passés par lui à Paris. Il déclara spécialement avoir renié Jésus-Christ, vu la tête de l'idole...

« Le mardi suivant, comparut devant nous le Grand Maître, qui, après avoir prêté serment et pris connaissance des chefs d'inculpation, avoua la coutume de renier Jésus-Christ... »

C'est un incroyable renversement de situation ! Jacques de Molay et les dignitaires du Temple reconnaissent leurs « crimes », alors qu'ils s'étaient rétractés, en décembre 1307, devant ces mêmes cardinaux, Étienne de Suisy et Béranger de Fredol. Comment expliquer un tel revirement ? Nogaret et Plaisians ont-ils laissé envisager une promesse de clémence royale ? Des documents prouvant clairement la culpabilité des Templiers ont-ils été produits ? Aucune réponse satisfaisante n'a été donnée à ce jour. Ce qui est sûr, en revanche, c'est le coup « mortel » porté à l'Ordre, par ses propres dignitaires.

Clément V ne peut plus tergiverser et promulgue la bulle « Faciens misericordiam », le 12 août 1308, concernant le sort réservé aux Templiers. Le procès de l'Ordre va s'engager dans tous les États et royaumes où il est présent, sous la direction de commissions pontificales, dont le pape nomme les participants.

Les Templiers, en tant que personnes physiques, seront jugés par des commissions diocésaines, dont les évêques nommeront les membres. Les Templiers coupables seront jugés par des conciles provinciaux. Les inquisiteurs (dont le fameux Guillaume de Paris) sont rétablis dans leurs fonctions. Le pape se réserve le jugement des principaux dignitaires.

Les Templiers restent en prison, sous la garde du roi, leurs biens étant gérés conjointement par des agents royaux et cléricaux. Enfin, un concile général prévu en 1310, à Vienne, décidera du sort défini-

La chute et la fin de l'ordre du Temple (1291-1314)

« L'agitateur du Languedoc ». Daté de 1887, ce tableau du peintre Jean-Paul Laurens met en scène le moine franciscain Bernard Delicieux s'opposant à l'Inquisition, représentée par un cardinal et des évêques. Il permet de comprendre ce que furent les commissions épiscopales chargées d'interroger les Templiers.
Musée des Augustins, Toulouse.

tif de l'Ordre, après consultation des rapports des commissions pontificales.

Ces décisions prises, Clément V quitte Poitiers le 13 août 1308 pour ne rejoindre Avignon qu'en mars 1309, dans ce Comtat Venaissin, qui est propriété de l'Église et donc (théoriquement) à l'abri des menées éventuelles du roi de France.

Les commissions épiscopales et pontificales (1309-1311)

Elles se mettent en place très lentement, tant en France qu'à l'étranger.

Dans le royaume de France, la première commission épiscopale (composée d'évêques favorables au roi) s'ouvre à Paris le 8 août 1309. En théorie, les Templiers sont entendus comme témoins ; dans la réalité, ayant déjà avoué, ils ne peuvent se rétracter, sous peine d'être considérés comme relaps et donc, condamnés au bûcher.

La première commission pontificale, celle chargée de juger l'Ordre (en tant que personne morale) et non les Templiers (personnes physiques) s'ouvre le 12 novembre 1309, au palais épiscopal de Paris. Aucun frère du Temple ne se présente ce jour, ni les suivants. Il faut attendre le 22 novembre, pour assister à la déposition plus que confuse, de Jean de Melot, Templier du diocèse de Besançon. Les frères qui lui succèdent sont tout aussi décevants. Hugues de Pairaud, visiteur en France, interrogé à son tour, refuse de répondre aux questions, demandant à être entendu par le pape et lui seul.

Le 26 novembre, Jacques de Molay, le Grand Maître, comparaît devant la commission. Craint-il Plaisians, le conseiller du roi, présent lors de l'interrogatoire ? Toujours est-il qu'il demande deux jours de réflexion. L'attitude du frère qui lui succède

En présence du roi de Franc[e], des hérétiques sont brûlés aux portes de Paris. D'autre[s] sont pendus au gibet de Montfaucon, tandis que le haut donjon du Temple se dessine en arrière-plan.
Bibliothèque nationale de France.

est bien plus courageuse. Il s'agit de Ponsard de Gizy, précepteur de la commanderie de Payns, celle du fondateur de l'Ordre. Interrogé le 27 novembre 1309, celui-ci dénonce vigoureusement les aveux arrachés sous la torture : « *Les accusations portées contre l'Ordre, à savoir le reniement du Christ, le crachement sur la Croix, la permission donnée aux frères de s'unir charnellement, et les autres énormités qu'on nous oppose, sont fausses ! Tout ce que nous avons avoué devant l'évêque de Paris et ailleurs, moi et les autres frères du Temple, était faux. Nous n'avons avoué que contraints par le danger et la terreur, parce que nous étions torturés...* »

À la question des commissaires sur ces tortures, la réponse du commandeur de Payns explique parfaitement pourquoi les Templiers ont avoué toutes sortes de « crimes » : « *Trois mois avant les aveux que je fis devant le seigneur-évêque de Paris, je fus placé dans une fosse, les mains liées derrière le dos si fortement que le sang coulait jusqu'à mes ongles, et j'y restai l'espace d'une heure.*

« *Je proteste que, si on me remet encore à la torture, je renierai tout ce que je viens de dire et dirai tout ce qu'on voudra. Autant je suis prêt à souffrir, pourvu que le supplice soit court, la décapitation, le feu ou l'ébouillantement, autant je suis incapable de supporter les longs tour-*

ments dans lesquels je me suis déjà trouvé en subissant un emprisonnement de deux ans... »

Interrogé le lendemain, le 28 novembre, le Grand Maître du Temple se réfugie dans des explications confuses : « *Je ne suis pas aussi savant qu'il conviendrait, ni d'assez grand conseil, pour défendre l'Ordre. Cependant, je suis prêt à le défendre, selon mes possibilités ; car, autrement, je m'estimerais vil et misérable et je pourrais être réputé tel par les autres, si je ne défendais pas un Ordre dont j'ai reçu tant d'avantages et d'honneurs.*

« *Cependant, il me paraît difficile d'en présenter une défense convenable, car je suis prisonnier des seigneurs Pape et Roi...* »

Philippe le Bel et ses conseillers peuvent se réjouir, les Templiers (excepté Ponsard de Gizy) et leurs dignitaires ont assuré une bien pâle défense de cet Ordre, naguère si orgueilleux.

Quelle ne fut pas la surprise de constater un changement radical, lors de l'audition de seize Templiers le 6 février 1310. Tous, sauf un, affirment vouloir défendre l'Ordre. Le lendemain, les frères de Clermont, eux aussi, clament leur innocence... suivis en ce sens par l'immense majorité des Templiers questionnés dans les semaines qui suivent. Ainsi en est-il, le 28 mars 1310, lors de l'interrogatoire collectif de cinq cent cinquante frères rassemblés dans un champ, derrière le palais épiscopal.

Les Templiers ont retrouvé foi en leur Ordre. Vont-ils renverser une situation qui paraissait bien compromise. Philippe le Bel a compris le danger. Il faut briser cette résistance inattendue. Il fait nommer par le pape, à la tête de l'archevêché vacant de Sens, un évêque qui lui est tout dévoué, Philippe de Marigny, frère de son

Un Templier subit le supplice du bûcher, sous le regard du roi de France. Miniature in « Grandes Chroniques de France », XVe siècle.
© British Library, Londres.

conseiller Enguerrand de Marigny (adversaire résolu de l'ordre du Temple).

Le 10 mai 1310, Philippe de Marigny convoque le concile chargé de clore l'enquête diocésaine sur les Templiers, prévue par la procédure. Le lendemain, il fait condamner à mort cinquante-quatre frères qui avaient « avoué leurs fautes », en octobre 1307. Le surlendemain, 12 mai, ils sont brûlés près de la porte Saint-Antoine, à Paris.

Dans les semaines qui suivent, d'autres Templiers subissent le cruel sort du bûcher, à Senlis et Carcassonne. Le roi de France a gagné : brisés par ces terribles exemples, les frères avouent tout et son contraire. La commission finit ses interrogatoires le 26 mai 1311, clôturant l'épais dossier à charge contre l'ordre du Temple, dans l'attente du concile chargé de statuer sur le sort de ce dernier.

Le concile de Vienne et l'abolition de l'ordre du Temple

Le concile de Vienne

Le 16 octobre 1311, Clément V ouvre la première session du concile, qui se tient dans la cité de Vienne, non loin de celle d'Avignon où il réside. Ce concile se voit chargé d'un triple objet : le sort de l'ordre du Temple, la réforme de l'Église et l'organisation d'une éventuelle croisade. Signe de son importance, les prélats sont venus de toute l'Europe : Angleterre, Écosse, Irlande, Italie, Espagne, Allemagne, Danemark et France bien entendu.

Dans l'esprit de tous, pape, cardinaux et évêques, il s'agit de régler les modalités de la suppression du Temple. Or, à la fin de ce mois, sept Templiers se présentent aux pères conciliaires, affirmant vouloir défendre l'Ordre et assurant, par ailleurs, que plus d'un millier de leurs frères sont présents dans la contrée, prêts à faire de même.

LES INTERROGATOIRES DES TEMPLIERS À L'ÉTRANGER

Les frères du Temple ont subi la torture au royaume de France ; en fut-il de même dans les autres pays ? Il semble bien qu'il faille répondre par la négative. Ainsi, en Angleterre, deux membres de l'Inquisition se rendent dans le royaume en septembre 1309. Face aux protestations d'innocence des Templiers emprisonnés à Londres, ils réclament l'usage de la torture… et recherchent désespérément des tortionnaires ! Seuls trois frères avoueront leurs « crimes ».

En Italie, s'ils ne sont nullement inquiétés à Venise, en revanche, ils subissent des supplices dans le royaume de Naples et les États du pape.

En Espagne, les Templiers récusent les accusations dont ils font l'objet, que ce soit en Navarre, Aragon ou Castille. La torture y est rarement appliquée, excepté dans le royaume d'Aragon où, sur ordre du pape, en mars 1311, huit frères la subirent… victorieusement : aucun n'avoua une quelconque « faute ».

Pure vantardise ou simple esbroufe ? En tout cas, la menace est on ne peut plus claire et ressentie comme telle.

Celle exercée par le roi de France est encore plus réelle : Philippe le Bel, pressé d'en finir avec l'Ordre, convoque les états généraux du royaume à Lyon (à deux pas de Vienne), pour le mois de mars 1312. Le 20 de ce mois, le roi de France se dirige vers Vienne, en grand cortège, escorté de nombreux gens d'armes et s'installe dans la banlieue de la ville, où se tient le concile. Le message est parfaitement compris du pape Clément V.

L'abolition de l'ordre du Temple

Le 22 mars 1312, Clément V promulgue la bulle « Vox in excelso », prononçant l'abolition de l'Ordre : « *Considérant la mauvaise réputation des Templiers, les soupçons et les accusations dont ils sont l'objet ; considérant la manière et la façon mystérieuse dont on est reçu dans cet Ordre, la conduite mauvaise et antichrétienne de beaucoup de ses membres ; considérant surtout le serment demandé à chacun d'eux de ne rien révéler sur cette admission et de ne jamais sortir de l'Ordre ; considérant que le scandale donné ne peut être réparé si l'Ordre subsiste ; considérant en outre le péril que courent la foi et les âmes, ainsi que les horribles forfaits d'un très grand nombre de membres de l'ordre... nous abolissons, non sans amertume et douleur, non pas en vertu d'une sentence judiciaire, mais par manière de décision ou ordonnance apostolique, le susdit ordre des Templiers avec toutes ses institutions... »* (Raymond Oursel, « Le Procès des Templiers », Paris, 1955.)

Quant au sort des biens du Temple et des personnes des Templiers, le pape les détermine par deux bulles :

— la première, « Ad providam », en date du 2 mai 1312. Les biens de l'Ordre sont attribués à celui de l'Hôpital, exceptions faites de l'Espagne et du Portugal. Les Hospitaliers qui s'étaient tenus dans une prudente réserve, face aux procès intentés aux Templiers, héritent de fabuleuses richesses. Ils n'auront aucun mal à solder la facture plus que « salée » (deux cent mille livres !), présentée par le roi de France pour la garde et l'entretien des biens du Temple, depuis octobre 1307 ;

— la seconde, « Considerantes dudum », datée du 6 mai 1312. Elle prévoit deux cas : les Templiers qui ont avoué ou ont été reconnus innocents recevront une pension et pourront demeurer dans les anciennes maisons de l'Ordre ou dans les monastères de leur choix.

Ceux qui ont nié ou se sont rétractés (et sont donc considérés comme relaps) seront poursuivis et punis avec la plus grande sévérité. Le sort des cinq dignitaires, dont celui du Grand Maître, est réservé au pape Clément V.

Bulle « ad providam » du pape Clément V, attribuant les biens des Templiers aux Hospitaliers.
Archives nationales.

Jacques de Molay écoute la sentence le condamnant au bûcher.
Tableau d'Evariste Fragonard, XIXe siècle.
Musée Magnin à Dijon.
© Ph. RMN / R.G. Ojeda.

LA (TRISTE) FIN DES DIGNITAIRES DU TEMPLE (1312-1314)

La scène finale de la « tragédie » templière se joue en deux actes, dont le premier est la nomination par Clément V, le 22 décembre 1313, d'une commission de trois cardinaux, Nicolas de Fréauville, Arnaud d'Auch et Arnaud Novelli, chargée de les juger au nom du pape.

Jacques de Molay, le Grand Maître, Hugues de Pairaud, le visiteur en France, Geoffroy de Charnay, précepteur en Normandie et Geoffroy de Gonneville, précepteur en Poitou-Aquitaine, quittent la forteresse de Gisors (en Normandie), où ils sont emprisonnés, pour se présenter devant cette commission, qui comprend également plusieurs prélats dévoués au roi de France, dont Philippe de Marigny, l'archevêque de Sens.

Face à leurs juges, les dignitaires renouvellent l'aveu de leurs « crimes ». Ont-ils espéré la clémence papale ? Y a-t-il eu des promesses en ce sens, durant leur longue

La chute et la fin de l'ordre du Temple (1291-1314)

détention ? En tout cas, ils ont perdu là l'ultime occasion de clamer leur innocence et de défendre l'ordre du Temple.

Le jugement des dignitaires, le 18 mars 1314

Ce lundi 18 mars, de l'an de grâce 1314, n'est pas un jour ordinaire pour le peuple de Paris : aujourd'hui, sera prononcée la sentence concernant les dignitaires templiers, appelés à comparaître devant les cardinaux, sur le parvis de la cathédrale Notre-Dame. Spectacle haut en couleur, qui attire la foule des grands jours... et les voici, les quatre hauts dignitaires, revêtus de leur blanc manteau, face au sinistre échafaud.

On lut, à haute voix, la confession de leurs « crimes », puis la sentence qui les condamne à la prison à vie. Le cardinal d'Albano, représentant le pape, se lève alors pour prononcer un sermon, à l'issue duquel il exhorte Jacques de Molay à renouveler ses aveux en public.

Coup de théâtre ! Le Grand Maître proteste de son innocence : « *J'ai trahi ma conscience : il est temps que je fasse triompher la vérité. Je jure donc, à la face du ciel et de la terre, que tout ce qu'on vient de dire des crimes et de l'impiété des Templiers, est une horrible calomnie. C'est un Ordre saint, juste, orthodoxe : je mérite la mort pour l'avoir accusé, à la sollicitation du pape et du roi.*

« *Que ne puis-je expier ce forfait par un supplice encore plus terrible que celui du feu !...* » (M. Raynouard « Procès et condamnation des Templiers », Éd. Lacour.)

Le précepteur de Normandie, Geoffroy de Charnay, imite le Grand Maître, à la différence des deux autres dignitaires qui acceptent la sentence.

Ébahis, stupéfaits, face à un tel revirement, les cardinaux décident de remettre

---

LA LÉGENDE DU TRÉSOR DES TEMPLIERS

L'immense fortune, bien réelle, des frères du Temple, a excité les imaginations au cours des siècles. Pas une région de France, pas un pays n'échappe à cette fameuse légende du « trésor des Templiers ».

Ne dit-on point que, le 12 octobre 1307, veille de l'arrestation du Grand Maître de l'Ordre, Jacques de Molay, trois grands chariots, chargés d'or, auraient quitté la tour du Temple de Paris, à destination de la forteresse de Gisors, en Normandie, pour les uns, celle de Tomar, au Portugal, pour les autres...

La fièvre de l'or templier a gagné les écrivains romantiques du XIXe siècle, puis certains pseudo-scientifiques au siècle suivant. L'abbé Béranger Saunière entreprit des fouilles à Rennes-le-Château (Aude), en 1885, couronnées par la découverte du fameux trésor, tout comme le guide du château de Gisors (Eure), en 1942. Ce dernier aurait mis au jour dix-neuf sarcophages, et surtout, trente coffres remplis de l'or du Temple, dans une vaste chapelle souterraine. Ayant confié le récit de sa trouvaille au romancier Gérard de Sède, celui-ci en tira un ouvrage, « Les Templiers sont parmi nous », dont le succès lui assura... une véritable fortune !

« L'affaire de Gisors » causa tant de bruit que le ministre de la Culture de l'époque, André Malraux, fit procéder par l'armée à des fouilles... hélas infructueuses !

Dans leur livre « Les Sites templiers en France » (Éd. Ouest-France), Jean-Luc Aubarbier et Michel Binet ont relevé quarante-deux sites censés abriter un « trésor templier »... avis aux chercheurs !

au lendemain l'examen de cette situation nouvelle. Les quatre prévenus sont remis au prévôt, tandis que les prélats se retirent, sous les huées de la foule impatiente d'assister à la fin des Templiers.

Informé de cette rétractation, fou de rage, Philippe le Bel convoque sur-le-champ son conseil... sans y appeler les clercs. Consultation de pure forme ! Sa décision est déjà prise : Jacques de Molay et Geoffroy de Charnay doivent être brûlés vifs, comme relaps.

Une fois de plus, dans cette lutte opposant pouvoirs spirituels et temporels, le roi

Jacques de Molay et Geoffroy de Charnay sont brûlés dans l'île de la Cité, à Paris. Miniature in « Grandes Chroniques de France », XVe siècle.
© British Library, Londres.

LA CHUTE ET LA FIN DE L'ORDRE DU TEMPLE (1291-1314)

de France outrepasse ses droits. Seul le pape (ou ses représentants) pouvait juger et châtier les dignitaires du Temple, en vertu de la bulle « Considerantes dudum ». Faisant fi de la présence des cardinaux, Philippe le Bel fait amener Jacques de Molay et Geoffroy de Charnay sur l'île aux Joncs (près du Pont-Neuf), située entre les jardins du Roi et le couvent des Augustins.

Là, tournés vers Notre-Dame, ils sont attachés au poteau et subissent le cruel supplice du bûcher... que les flammes consument si lentement...

« *On les vit si résolus à subir le supplice du feu, avec une telle volonté, qu'ils soulevèrent l'admiration chez tous ceux qui assistèrent à leur mort...* », selon le chroniqueur Guillaume de Nangis.

Un autre affirme que le Grand Maître, n'ayant plus que la langue de libre, et presque étouffé par la fumée, s'écria à haute voix : « *Clément, juge inique et cruel bourreau ! je t'ajourne à comparaître dans quarante jours devant le tribunal du souverain juge.* » Quelques-uns soutiennent également qu'il cita pareillement Philippe le Bel à comparaître dans un an...

Nous voici entrés de plain-pied dans le fabuleux légendaire templier !

« Les Templiers au bûcher ». Miniature in « De Casibus », de Boccace, XVᵉ siècle.
Conservation Bibliothèque municipale de Bergues.
Photo Studio mallevaey

117

Conclusion

A propos des sociétés secrètes et ordres pseudo-templiers

L'ésotérisme est de mode, de nos jours, et le « mystère templier » y est particulièrement bien représenté, en de multiples sociétés secrètes ou ordres se prétendant leurs héritiers. Que l'on se souvienne de la récente tragédie de « l'ordre du Temple solaire »...
Pour ma part, je souscris totalement au point de vue de l'éminent historien Jean Flori : *« L'ordre du Temple n'a pourtant rien d'une société secrète. Il est né de la croisade à laquelle son destin est étroitement lié, il a vécu pour elle, il est mort de son échec. »*
Ce sera donc le mot de la fin.

Bibliographie

Les Templiers ont fait couler beaucoup d'encre… et ce n'est certainement pas fini ! Pour ne pas vous perdre dans le dédale d'une littérature trop souvent « ésotérique », suivez la piste d'auteurs dignes de confiance :

DEMURGER (Alain)
Agrégé d'histoire, maître de conférences à l'université de Paris I, Alain Demurger a écrit des ouvrages remarquables.
• « Vie et mort de l'ordre du Temple », Éd. du Seuil, collection « Points Histoire ».
Pour qui s'intéresse à l'histoire des Templiers, c'est un livre indispensable, doté par ailleurs de notes et références bibliographiques étendues, pour chaque domaine traité. Un travail formidable.
• « Brève histoire des ordres religieux militaires » (Hospitaliers, Templiers, Teutoniques), Éd. Fragile.
Un guide aide-mémoire fort précieux, avec des cartes et repères bien utiles.
• « La Croisade au Moyen Âge », Nathan-Université, Paris, 1998.
• « Chevaliers du Christ. Les ordres religieux militaires au Moyen Âge », Éd. du Seuil, 2002.
• « Jacques de Molay », Payot, 2002 (biographie).
Alain Demurger a également dirigé un numéro spécial de la revue « Historia » : « Les Templiers, la vérité » (n° 53, mai-juin 1998), doté d'illustrations et d'articles de synthèse, clairs et accessibles, écrits par des spécialistes tels que Alain Demurger lui-même, Simonetta Cerrini, Fanny Caroff, Jean Richard, Paul de Saint-Hilaire…

PERNOUD (Régine)
Cette médiéviste réputée est l'auteur de nombreux ouvrages sur le Moyen Âge dont :
• « Les Templiers », Éd. PUF, collection « Que sais-je ? », 1974.
• « Les Templiers, chevaliers du Christ », Éd. Gallimard, collection « Découvertes ».

BORDONOVE (Georges)
Ce spécialiste de l'histoire de France a consacré plusieurs ouvrages aux Templiers :
• « Les Templiers », Éd. Fayard, 1963.
• « La Vie quotidienne des Templiers », Éd. Hachette, 1975.
• « La Tragédie des Templiers », Éd. Pygmalion/Gérard Watelet, 1993. *Très détaillé sur la chute et la fin des Templiers.*

OURSEL (Raymond),
• « Le Procès des Templiers », Paris, 1955.
• « Routes romanes », Éd. Zodiaque.
Très pertinent pour ses observations sur l'implantation de commanderies templières à des axes stratégiques.

LEROY (Thierry),
• « Hugues de Payns », Éd. de la Maison du Boulanger, 2001.
Un ouvrage qui fait le point sur les recherches concernant le fondateur de l'ordre du Temple, en particulier sur ses liens avec les comtes de Champagne et saint Bernard. Il est disponible éventuellement auprès de la fondation Hugues de Payns, 7 rue Naudet, 10600 Payns.

CHARPENTIER (John),
• « L'Ordre des Templiers », Éd. Tallandier, 1987.

AUBARBIER (Jean-Luc) et BINET (Michel),
• « Les Sites templiers en France », Éd. Ouest-France, 1997.

*À côté de ces ouvrages généraux sur les Templiers, il en existe de très nombreux qui s'attachent à une région ou une commanderie particulière. Se référer à la bibliographie précise de « Vie et mort de l'ordre du Temple », d'Alain Demurger, cité plus haut.
À titre d'exemples :*

CARCENAC (Antoine-Régis),
• « La Commanderie du Temple de Sainte-Eulalie du Larzac », Éd. Lacour (Nîmes), 1994.
MIQUEL (Jacques),
• « Cités templières du Larzac », Éd. du Beffroi, 1989.
LASCAUX (Michel),
• « Les Templiers en Normandie », Éd. Ouest-France, 1983.

Et aussi :

RICHARD (Jean),
• « Le Royaume latin de Jérusalem », Éd. PUF, 1953.
• « L'Esprit de la croisade », Éd. du Cerf, 1977.
• « Saint Louis », Éd. Fayard, 1985.
• « Histoire des croisades », Éd. Fayard, 1996.
FLORI (Jean),
• « Chevaliers et chevalerie au Moyen Âge », Éd. Hachette, 1998.
FAVIER (Jean),
• « Dictionnaire de la France médiévale », Éd. Fayard, 1993.
• « Philippe le Bel », Éd. Fayard, 1998.

Où s'informer ?

Le Centre d'histoire des ordres de chevalerie

Commanderie d'Arville, route des Templiers, 41170 Arville, tél. : 02 54 80 75 41. Télécopie : 02 54 80 73 11. E-mail : commanderie. arville@wanadoo.fr
C'est au sénateur Pierre Fauchon que l'on doit l'heureuse initiative d'avoir créé ce très précieux centre d'information, dans cette commanderie d'Arville, la mieux conservée de France, selon Régine Pernoud.
C'est indiscutablement la meilleure adresse muséographique concernant l'histoire des Templiers. Huit tableaux vivants permettent d'en saisir tous les aspects, sous forme de scènes reconstituées comme :
« La vie quotidienne dans la commanderie »,
« La réception d'un chevalier dans l'Ordre »,
« La découverte de l'Orient », « Les États latins du Levant », « Les bâtisseurs »,
« Le dramatique procès des Templiers ».

Le conservatoire du Larzac Templier et Hospitalier

Immeuble Jean Fabre, place Bion-Marlavagne, 12100 Millau,
tél. : 05 65 59 12 22.
Cet organisme est chargé de la mise en valeur des cités fortifiées du Larzac, fortement marquées par l'histoire des Templiers puis des Hospitaliers. Visites guidées, toute l'année, à la commanderie de Sainte-Eulalie de Cernon (tél. : 05 65 62 79 98) et du village de La Couvertoirade (tél. : 05 65 58 55 59).

Campagne-sur-Aude : exposition permanente sur les Templiers

Elle est l'œuvre du Centre d'études et de recherches templières,
BP 42, 11260 Espéraza, tél. : 04 68 20 15 24.

Payns : Le musée Hugues-de-Payns

10 voie Riot, 10600 Payns,
tél. : 03 25 76 61 54.
Ce musée présente l'histoire du fondateur et de l'ordre des Templiers, ainsi que le résultat des fouilles archéologiques sur l'ancien site de la commanderie créée par Hugues de Payns.

Archives départementales, Sociétés savantes, Instituts de recherches historiques…

Dans chaque région et département, existent des associations et organismes possédant quantité de livres et études (thèses, mémoires de maîtrise…), consultables par le public. Une mine d'informations trop souvent ignorée.
À titre d'exemple, c'est à l'Institut d'études méridionales, rue du Taur, à Toulouse, que j'ai pu découvrir, en toute sérénité, les thèses d'Antoine-Régis Carcenac (« La Commanderie du Temple de Sainte-Eulalie de Larzac ») et de Patrick Mahot (« Les Ordres militaires dans les Pyrénées au Moyen Âge »).

Commanderie Templière d'Arville. Ph. J.-J.Biet.

Repères chronologiques

997 : Al-Mansur, chef musulman, s'empare de Saint-Jacques-de-Compostelle.

1009 : Le calife Al-Hakim détruit la rotonde du Saint-Sépulcre à Jérusalem, causant un véritable choc en Occident.

Vers 1050 : Un hôpital pour pèlerins est fondé à Jérusalem.

1095 : Le 27 novembre, au concile de Clermont, le pape Urbain II lance l'appel à la croisade.

1099 : 15 juillet, les croisés prennent Jérusalem. Fondation des États latins d'Orient.

1119 : Hugues de Payns fonde l'ordre des « Pauvres chevaliers du Christ et du temple de Salomon ».

1129 : La règle de l'Ordre est précisée au concile de Troyes.

1136 : Mort d'Hugues de Payns. Robert de Craon lui succède à la tête de l'Ordre.

1139 : Bulle papale « Omne datum optimum », soustrayant les Templiers à l'autorité des évêques. Ils ne relèveront désormais que du Saint-Siège.

1144 : Les Turcs s'emparent d'Édesse.

1146 : Le 31 mars, Bernard de Claivaux prêche la deuxième croisade à Vézelay.

1147 : Le 27 avril, le pape Eugène III préside le chapitre général du Temple à Paris.

1149 : Évrard des Barres est élu Maître du Temple, à la mort de Robert de Craon.

1153 : Le 16 août, au siège d'Ascalon, quarante Templiers et leur Maître, Bernard de Trémelay, trouvent la mort.

1155 : Nur al-Din s'empare de Damas.

1163 : Bataille de la Bocquée. Les croisés sont vainqueurs de Nur al-Din qui tentait d'attaquer le Krak des Chevaliers.

1174 : Mort de Nur al-Din. Saladin entreprend l'unification de l'Orient musulman. Mort de Baudouin III, lui succède son fils, Baudouin IV, « le roi lépreux ».

1177 : Victoire de Baudouin IV et des Templiers à Montgisard, face à Saladin.

1180 : Trêve décidée entre Baudouin IV et Saladin.

1185-1186 : Graves querelles de succession, à la mort de Baudouin IV.

1187 : Le 4 juillet, Saladin inflige une cuisante défaite à l'armée de Guy de Lusignan, roi de Jérusalem. Tous les Templiers capturés sont massacrés après d'horribles tortures.
Le 2 octobre, Saladin s'empare de Jérusalem.

1189 : Le 4 octobre, Gérard de Ridefort, Maître du Temple, meurt lors du siège de Saint-Jean-d'Acre.

1191 : Le 12 juillet, prise de Saint-Jean-d'Acre.

1217 : Les Templiers entreprennent la construction de la puissante forteresse de Château-Pèlerin.

1219 : Prise de Damiette, en Égypte, à l'issue d'un siège difficile, au cours duquel Guillaume de Chartres, Maître du Temple, est tué.

1229 : Le 18 mars, couronnement de Frédéric II, nouveau roi de Jérusalem, en l'absence des Templiers et Hospitaliers.

1244 : Le 17 octobre, défaite de l'armée franque à la Forbie, près de Gaza. Trois cent douze Templiers et leur Maître, Armand de Périgord, y trouvent la mort.

1249 : Le 6 juin, le roi de France Louis IX (Saint Louis) et ses troupes débarquent à Damiette, en Égypte.

1250 : À la suite de la défaite de la Mansourah, Saint Louis est fait prisonnier le 12 avril 1250.

1254 : Saint Louis quitte la Terre sainte.

1265-1271 : Le sultan d'Égypte Baïbars s'empare des forteresses templières et hospitalières : Césarée, Safed, Jaffa, Krak des Chevaliers.

1291 : Le 28 mai, les mameluks prennent Saint-Jean-d'Acre. Le Maître du Temple, Guillaume de Beaujeu, décède le 18 mai.
Le 12 août, les derniers Templiers évacuent la forteresse de Château-Pèlerin.

1293 : À Chypre, Jacques de Molay est élu Grand Maître.

1302 : La bulle « Unam Sanctam » promulguée par le pape Boniface VIII, provoque la fureur du roi de France Philippe le Bel.

1307 : Le 14 septembre, le roi de France fait partir un ordre secret d'arrestation des Templiers.
Le 13 octobre, arrestation des Templiers en France.

1308 : Le 12 août, bulle papale « Faciens misericordiam », ordonnant la mise en place de commissions d'enquête.

1310 : Le 12 mai, cinquante-quatre Templiers sont brûlés à Paris.

1311 : Le 16 octobre, ouverture à Vienne du concile chargé du jugement définitif de l'ordre du Temple.

1312 : Le 22 mars, bulle papale « Vox in excelso », prononçant l'abolition de l'ordre du Temple.
Le 2 mai, bulle papale « Ad providam », attribuant les biens des Templiers aux Hospitaliers.

1314 : Le 18 mars, Jacques de Molay, Grand Maître de l'Ordre et Geoffroy de Charnay, précepteur en Normandie, subissent le supplice du bûcher à Paris.

Table des matières

AVANT-PROPOS 7

Chapitre I
« DIEU LE VEUT ! » 9

L'idée de croisade 9
La première croisade et la prise de Jérusalem (1096-1099) 13
Baudouin Ier, roi de Jérusalem - La formation des États latins d'Orient 17
    Baudouin Ier (1100-1118) 17
    L'accueil et la protection des pèlerins en Terre sainte 20
    La fondation de l'ordre des Hospitaliers de Saint-Jean-de-Jérusalem ... 20
    Hugues de Payns et la fondation de l'ordre des « Pauvres chevaliers du Christ et du temple de Salomon » 21
    Hugues de Payns 21
    La fondation de l'ordre des « Pauvres chevaliers du Christ et du temple de Salmon » 22

Chapitre II
L'ORDRE DU TEMPLE, UNE CROISSANCE FULGURANTE
(1128-1149) 25

La tournée fructueuse d'Hugues de Payns et de ses compagnons (1128) 25
Le concile de Troyes (13 janvier 1129) 26
Saint Bernard et « l'éloge de la nouvelle milice » 28
Robert de Craon, un Maître très efficace (1136-1149) 30
Les commanderies fleurissent en Europe (1129-1149) 30
    Les premières commanderies templières 30
        En Provence 31
            La commanderie de Richerenches 31
        Dans le duché de Bretagne 31
            La commanderie du Temple de Nantes (1141) 31
        Le Comminges (dans les Pyrénées) 32
            La commanderie de Montsaunès (vers 1140) 32
    L'ordre du Temple essaime en Europe 33
        Dans le royaume Anglo-Normand 33
        En Italie 33
        En Espagne 33

Robert de Craon, les Templiers et la deuxième croisade 34
    La deuxième croisade 34
    La deuxième croisade et les Templiers 34

Chapitre III
LE TEMPLE TISSE SA TOILE… DE COMMANDERIES, EN FRANCE ET EN EUROPE 39

L'ordre du Temple en Occident : une remarquable faculté d'adaptation, une organisation en perpétuelle évolution 39
    La commanderie, structure templière de base 39
    L'organisation hiérarchique et territoriale en Occident 40
Un réseau européen de commanderies particulièrement dense 41
    La surveillance des voies de pèlerinage et grands axes de circulation 41
        Les Templiers sur les chemins de Compostelle 41
            En Bretagne 41
            Dans les Pyrénées 42
            En Espagne du Nord, sur le « camino francés » 42
    L'ordre du Temple sur les grands axes de circulation 42
        La voie stratégique du Rhône 43
        Les ports de la Méditerranée 43
Les commanderies templières : structures et activités 44
    La commanderie de Richerenches (Provence) 44
    La commanderie de Ruou (Provence) 45
    La commanderie de Sainte-Eulalie du Larzac 46
    La commanderie de Montsaunès (en Comminges) 48

Chapitre IV
LES TEMPLIERS EN ORIENT (1120-1291) 51

De la défense des pèlerins à celle des États latins 51
L'organisation et la hiérarchie du Temple en Orient 52
    Le Maître 52
    Le sénéchal 53
    Le maréchal 54
    Le commandeur de la Terre et Royaume de Jérusalem 54
    Le commandeur de la cité de Jérusalem 54
    Les commandeurs des provinces 54

Les Templiers : un rôle clé dans l'appareil défensif des États latins (1130-1187) 54
    Les forteresses templières 54
        Dans la principauté d'Antioche 56
        Dans le comté de Tripoli 56
        Dans le royaume de Jérusalem 56
    Les Templiers au combat (XIIe siècle) 57
        Les Templiers et le siège de Damas (juillet 1148) 58
        Les Templiers et le siège d'Ascalon (16 août 1153) 59
        Les Templiers et les campagnes militaires en Orient (1163-1187) 62
            L'Égypte (1163-1168) 62
            Les États latins, les Templiers et... Saladin (1174-1187) 64
            Gérard de Ridefort, funeste Maître du Temple (1185-1187) 65
            Hattin (4 juillet 1187) 65
            Saladin à Jérusalem : 2 octobre 1187 66
Les Templiers en Orient au XIIIe siècle : les vrais maîtres des États latins ? 67
    Le Temple et les querelles de succession 67
        Les Templiers et Charles d'Anjou 68
    Les Templiers, héroïques défenseurs de la Terre sainte 68
        Participation au siège de Saint-Jean-d'Acre (1189-1191)
        et à la troisième croisade (1189-1192) 69
    Les Templiers et la cinquième croisade (1217-1221) 71
    Les Templiers et la sixième croisade (1228-1229) 73
    La septième croisade (1248-1254) 73
    La fin de l'ordre du Temple dans l'Orient latin 77

Chapitre V
LES TEMPLIERS AU XIIIe SIÈCLE : UNE PUISSANCE QUI SUSCITE BIEN DES CONFLITS 81

Les Templiers : « banquiers de l'Occident » ? 81
    Le Temple : banquier des rois de France 81
    Le Temple : banquier de royaumes d'Occident 82
    Le Temple : banquier des particuliers 83
        Le Temple et les pèlerins 85

Le Temple, au XIIIe siècle : un ordre puissant... qui suscite bien des conflits 87
    Les origines de la richesse du Temple 87
        Les donations 88
        Les activités commerciales 90
        Quêtes et redevances 91

Les conflits entre les Templiers et les autorités politiques ou religieuses, au XIIIe siècle 91
   Les Templiers en conflit avec les seigneurs 91
      Dans le duché de Bretagne « l'affaire de Clisson » (1210-1213) 91
      Les Templiers de Nantes et les seigneurs d'Assérac 92
      Dans la région de Chartres 92
      Dans le Larzac 94
      En Champagne 95
   Les Templiers en conflit avec les rois 95
      En Angleterre 95
      En Espagne 95

Chapitre VI
LA CHUTE ET LA FIN DE L'ORDRE DU TEMPLE (1291-1314) 97

Les origines 97
   1291 : quel avenir pour l'ordre du Temple ? 97
   La rivalité entre les papes et le roi de France Philippe le Bel (1286-1314) 99
   La mauvaise réputation des frères du Temple 100
   L'intransigeance de Jacques de Molay, Maître du Temple 101
L'arrestation des Templiers (13 octobre 1307) 102
   Préparation et mise en condition 102
   L'arrestation des Templiers (13 octobre 1307) 103
Des premiers aveux (novembre 1307), aux commissions d'enquête (1309-1311) 103
   Philippe le Bel, expert en manipulation de l'opinion publique 103
   Les premiers aveux 104
   Clément V contre Philippe le Bel 105
   Les Templiers face au pape Clément V 107
   Les commissions épiscopales et pontificales (1309-1311) 109
Le concile de Vienne et l'abolition de l'ordre du Temple 112
   Le concile de Vienne 112
   L'abolition de l'ordre du Temple 112
La (triste) fin des dignitaires du Temple (1312-1314) 114
   Le jugement des dignitaires, le 18 mars 1314 115

Conclusion 118
BIBLIOGRAPHIE 119
OÙ S'INFORMER ? 120
REPÈRES CHRONOLOGIQUES 121

Remerciements

J'adresse mes remerciements les plus sincères aux personnes qui m'ont apporté
une aide précieuse dans le cadre de la réalisation de cet ouvrage,
et tout particulièrement :

Pierre Fauchon, sénateur maire, fondateur du Centre d'histoire des ordres de chevalerie,
commanderie d'Arville.
Jacques Miquel, conseiller technique et scientifique du Conservatoire du Larzac
Templier et Hospitalier.
Les membres du musée Hugues-de-Payns.
M. Costes, président de l'Association du patrimoine templier de Richerenches.
M. Peyriguer de Montsaunès.
M. Prieur et l'association Empreintes et Traditions du Ruou.
M. Le Maître et l'association culturelle de Pléboulle.
Mme Vernon et l'Institut d'études méridionales de Toulouse.

Et Maud Brient pour la recherche iconographique.

Éditeur : Bertrand Hervo
Cartographie : Patrick Mérienne
Conception graphique et mise en page :
Studio graphique des Éditions Ouest-France
Photogravure : Scann' Ouest, Rennes (35)
Impression : Imprimerie Pollina à Luçon (85) - n° L48978A

© 2002, 2007, Éditions Ouest-France
Édilarge SA, Rennes
ISBN 978-2-7373-4147-2
Dépôt légal : janvier 2007
N° d'éditeur : 5335.02.03.02.09
Retrouvez-nous sur www.editionsouestfrance.fr